NOUVEAU MANUEL

ANALYSE LOGIQUE

ET GRAMMATICALE

COMPRENANT :

1° L'analyse logique ; 2° L'analyse grammaticale ;
3° Des analyses logiques et grammaticales préparatoires ;
4° Des fables à analyser avec un modèle d'analyse
pour servir de guide ;
5° Enfin un petit traité de ponctuation,

Par BESCHERELLE.

PARIS

Librairie classique et administrative | GAUGUET et POUGEOIS, Libraires
PAUL DUPONT | Rue Cassette, 15,
Rue de Grenelle-Saint-Honoré, 45 | JULES TREUTTEL, Libraire
Rue de Lille, 19
RETIF, Libraire | Même maison à Leipsick, 10, Querdieue
Rue Saint-Gilles-Saint-Honoré, 17-19 |

BESCHERELLE, PROFESSEUR
PLACE DAUPHINE, 43

DANS TOUTES LES LIBRAIRIES CLASSIQUES.

X

Q 1120'

NOUVEAU MANUEL

D'ANALYSE

LOGIQUE ET GRAMMATICALE

PARIS, TYP. BONNET.— LESUEUR, BAILLEHACHE, POUPARD ET Cᵉ

MONTMARTRE, 12

C.

NOUVEAU MANUEL

D'ANALYSE

LOGIQUE ET GRAMMATICALE

Comprenant : 1° L'analyse logique; 2° L'analyse grammaticale; 3° Des analyses logiques et grammaticales préparatoires; 4° Des fables à analyser avec un modèle d'analyse pour servir de guide; 5° Enfin un petit traité de ponctuation

par BESCHERELLE

PARIS

Librairie classique et administrative
PAUL DUPONT
Rue de Grenelle Saint-Honoré, 45
DENTU, Libraire
Palais-Royale, Galerie d'Orléans, 17-19.

GAUGUET et POUGEOIS, Libraires
Rue Cassette, 12.
JUNG TREUTTEL, Libraire
Rue de Lille, 19
Même maison à Leipsick, 10, Querstrasse

BESCHERELLE, PROFESSEUR
PLACE DAUPHINE, 43
ET A TOUTES LES LIBRAIRIES CLASSIQUES.

1866

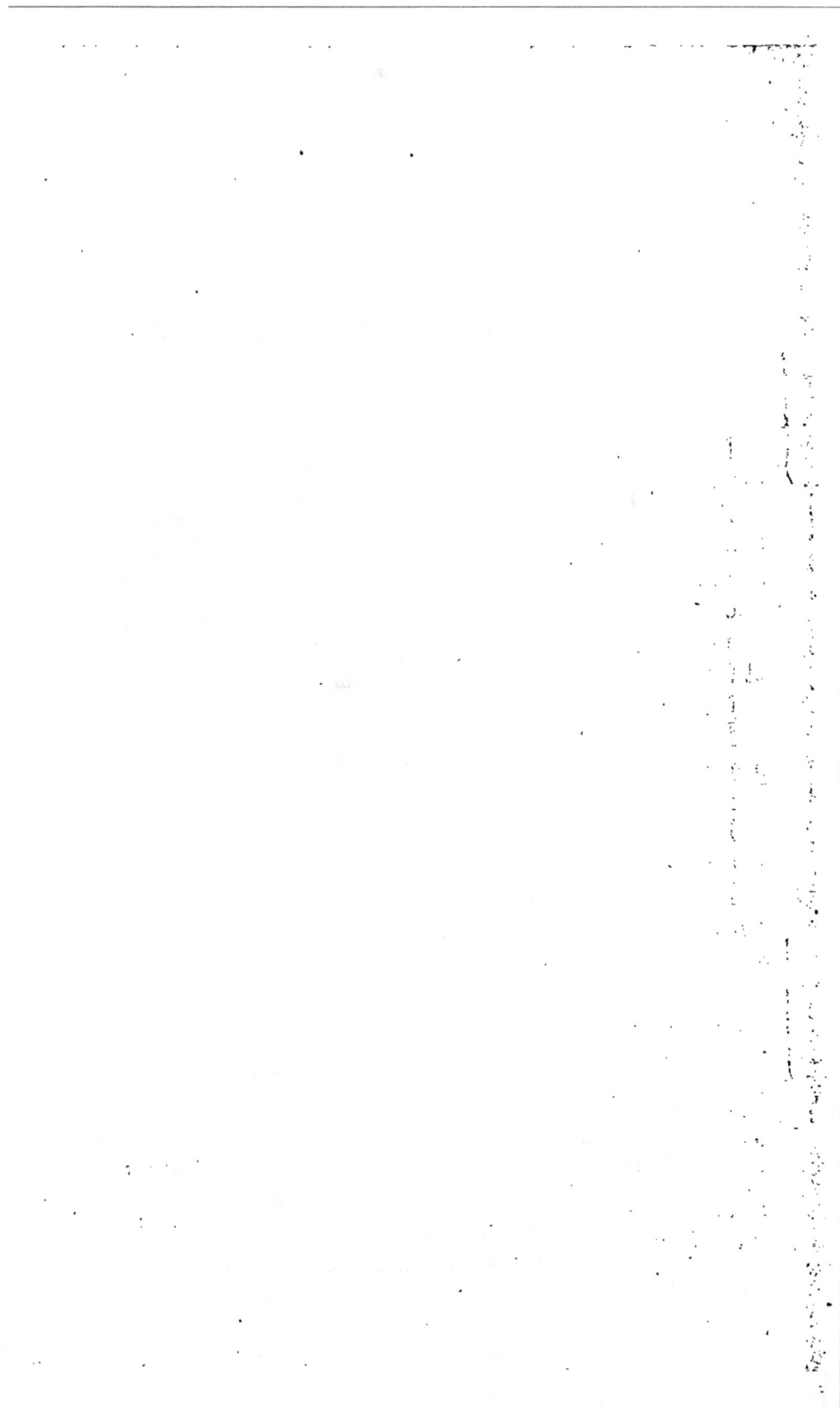

PRÉFACE

Nous venons offrir à tous ceux qui veulent se rendre compte non seulement de la valeur des mots, mais aussi de l'enchaînement des idées et de la construction des phrases ou *Nouveau Manuel d'analyse logique et d'analyse grammaticale*. L'urgence, la nécessité d'un pareil livre se fait-elle sentir? C'est ce qu'on ne peut dire qu'après l'avoir lu, examiné et étudié.

Nous avons divisé notre Manuel en cinq parties.

Dans la première nous traitons de l'*Analyse logique*;

Dans la seconde de l'*Analyse grammaticale*;

Dans la troisième des *Analyses logiques et grammaticales préparatoires*;

Dans la quatrième partie nous donnons des *fables entières à analyser, proposition par proposition, suivies d'un modèle d'analyse*;

Dans la cinquième, enfin, nous donnons un *petit traité de ponctuation avec préceptes, exemples* et *exercices*. Cette partie n'est pas la moins importante. Si nous l'avons placée la dernière dans cet ouvrage, c'est que nous avons pensé que, pour savoir bien ponctuer, il fallait avant tout savoir bien analyser. On voit donc que la place de cette partie de l'enseignement primaire n'est pas dans une grammaire, mais bien dans un Manuel d'analyse.

Dans la première partie qui traite de l'*analyse logique*, nous avons tâché d'être aussi clair et aussi succinct que possible, surtout dans les définitions. Avec nous, les enfants sauront ce qu'est une idée, une pensée, une proposition, et ce que personne ne leur a jamais dit, c'est que depuis que les langues existent, il n'y en a jamais eu que huit formes pour exprimer nos pensées, soit pour parler, soit pour écrire. Dans cette partie, comme dans la *partie grammaticale* qui vient immédiatement après, nos préceptes sont suivies de modèles et d'exercices.

La *partie grammaticale* traite des dix parties du discours. Nous ne doutons pas qu'après avoir étudié cette partie purement et simplement matérielle, les enfants ne sachent analyser un discours grammaticalement, et dire la différence d'un adjectif et d'un pronom, et surtout en quoi ils diffèrent.

Les *analyses logiques et grammaticales préparatoires* embrassent aussi toutes les parties du discours depuis le substantif jusqu'à l'interjection. Nous les appelons *préparatoires*, parce que l'étude en est indispensable pour pouvoir ensuite analyser les fables qui sont l'objet de la quatrième partie. En effet, sans la connaissance de l'analyse, comment analyser ces phrases elliptiques :

La mort de Jésus est d'un Dieu.

De nouveaux mariés se croient dans le meilleur des mondes possible.

Cette proposition n'a pas l'air sérieuse.

Un grec s'habille à la grecque, un turque s'habille à la turque.

Ce livre coûte six francs net.

Le malade l'a échappé belle.

Le soleil est plus gros que la terre.

De par la loi, autorité et justice.

Nul bien sans mal.

Quels que soient les humains, il faut vivre avec eux.

Qui vit aimé de tous à jamais devrait vivre.

Se faire aimer, c'est là le premier bien du cœur.

On voit les maux d'autrui d'un autre œil que les siens.

Qui l'emportera des deux?

Quand on est rivaux, on est ennemis.

Ici on est égaux.

Il y a bien des savants en France.

Nous bornons ici ces citations; elles suffiront pour prouver que le discours est rempli d'ellipses; que pour les reconnaître et les remplir, l'étude de nos analyses préparatoires est indispensable, puisque, sans cette étude préalable, il est impossible de décomposer un discours et de le ramener à un enchaînement de propositions. On étudiera donc d'abord *l'analyse logique,* ensuite *l'analyse des sujets, des attributs et des compléments,* et en troisième lieu *l'analyse grammaticale,* nos analyses préparatoires formant en effet ces trois divisions.

Lorsque les élèves seront arrivés à la quatrième partie, c'est-à-dire à *l'analyse des fables,* il faudra qu'ils procèdent proposition par proposition, nous voulons dire sujet par sujet, attribut par attribut, et que le verbe soit toujours la base de ce dernier. S'il y a des ellipses soit dans les sujets soit dans les attributs, il sera de toute nécessité qu'ils les rétablissent; sans quoi le discours ne serait plus une suite de propositions, et ce ne serait plus une analyse. A cet égard le modèle que nous donnons servira de guide.

Parvenus à la cinquième partie, c'est-à-dire à la ponctuation, les élèves ponctueront avec d'autant plus de facilité les morceaux qui s'y trouvent, que nous leur en aurons facilité les moyens dans les quatre premières parties.

Notre ambition a été de faire un livre utile, un livre qui complétât l'enseignement de notre *Petite grammaire nationale*. Si nous avons réussi dans notre tâche, nous nous en féliciterons, et pour les maîtres et pour les élèves.

PETIT MANUEL
D'ANALYSE LOGIQUE
ET
GRAMMATICALE

PREMIÈRE PARTIE

ANALYSE LOGIQUE

N° 1.

DE NOS IDÉES. — DE NOS PENSÉES. — DE LA PROPOSITION.

Il n'y a, dans la nature, que des *objets* et des *qualités* ; par conséquent, il n'y a, dans le discours, que des *substantifs* représentant les objets, et des *adjectifs* représentant leurs qualités. En *grammaire*, on peut bien admettre dix espèces de mots ; mais, en *logique*, ces dix espèces de mots se réduisent réellement à deux, des *signes d'objets* et des *signes de qualités*.

Qu'est-ce qu'une idée ? C'est l'image de l'objet ou de sa qualité, vus séparément.

Qu'est-ce qu'une pensée ? C'est l'idée de l'objet et de sa qualité exprimée à l'aide du verbe, et il n'y a qu'un verbe, le verbe *être*.

Qu'est-ce qu'une proposition ? C'est l'expression d'un jugement, d'une pensée. La proposition se compose de deux éléments : le sujet et l'attribut. Tout ce qui est avant le verbe est le sujet ; tout ce qui est après le verbe est l'attribut, et le verbe en est la base.

PROPOSITIONS A ANALYSER.

L'or est jaune. — Le plomb est gris. — Le chat est infidèle — Le renard est rusé. — Le chien est fidèle. — La fourmi est travailleuse. — L'abeille est industrieuse. — Le loup est féroce. — Le tigre est cruel. — L'âne est propre. — Le cheval est intrépide. — La vie est courte. — L'été est chaud. — L'hiver est froid. — La glace est rafraîchissante. — Le vinaigre est acide. — La campagne est agréable. — La lune est argentine. — Nos jours sont comptés. — Nos plaisirs sont fugitifs.

MODÈLE D'ANALYSE.

Sujet : l'or,	Sujet : le plomb,
Attribut : est jaune.	Attribut : est gris.

N° 2.

DES HUIT FORMES A L'AIDE DESQUELLES ON PEUT EXPRIMER SES PENSEES.

Le discours, pourtant si varié, ne contient que des propositions affirmatives, négatives, interrogatives, impératives, conjonctives, optatives, exclamatives et interjetées : par conséquent, quelles que soient nos pensées, nous les rendons ou affirmativement, ou négativement, ou interrogativement, ou impérativement, ou conjonctivement, ou optativement, ou exclamativement, ou d'une manière interjetée. Une pensée quelconque peut passer par ces huit diverses formes, qui ont chacune leur caractère propre qu'il est très-important de saisir dès le principe.

Faire huit propositions de chaque phrase.

Les blés mûrissent. — Les arbres verdissent. — Les infortunés périssent. — J'aime la campagne. — Les ruisseaux murmurent — Je bénis le Seigneur. — Il est heureux. — Il plait à Dieu que je sois heureux. — Dieu veut que je ne sois pas malheureux. — Je maudis tel auteur. — Je loue tout bienfaiteur. — La France vivra à jamais. — La foudre tombe partout.—Je rends grâces à Dieu.—C'est ainsi.

MODÈLE D'ANALYSE.

Les blés mûrissent.	PROPOSITION affirmative.
— ne mûrissent pas.	— négative.
— mûrissent-ils?	
Est-ce que les blés mûrissent ?	— interrogatives.
Blés, mûrissez.	— impérative.
Il faut que les blés mûrissent.	— conjonctive.
Mûrissent les blés!	— optative.
Comme les blés mûrissent!	— exclamative.
Les blés, pensez-vous, mûrissent.	— interjetée.

Chaque forme a, comme on voit, son caractère distinctif.

La forme affirmative diffère de la forme impérative par la présence ou l'absence d'un pronom. *Nous régnons* est affirmatif ; *régnons,* impératif.

Ne pas, ne point, ne plus, ne jamais, ne que, constituent la forme négative.

Est-il riche ? constitue la forme interrogative non-seulement par l'énonciation du pronom après le verbe, mais encore par le signe d'interrogation.

La forme conjonctive se reconnaît non-seulement à la conjonction *que*, mais encore parce que le second verbe est toujours au mode subjonctif, et qu'il est ainsi sous la dépendance d'une verbe de nécessité, de volonté, de désir, de crainte, de doute, exprimé ou sous-entendu : *Il faut qu'il vienne.*

Le caractère de la forme optative est de commencer par le verbe, quand il est neutre : *Vive la France !* et par un participe passé, quand le verbe est actif : *Maudit soit cet homme !* On voit que le verbe, dans ce cas, est toujours au mode subjonctif.

La forme exclamative vient toujours sous la dépendance de *que, combien, quel, comme* : *Que de monde il y a à Paris ! combien de siècles se sont écoulés ! quels théâtres nous avons ! comme il pleut !*

Quant à la forme interjetée, quoique incorporée de sa nature dans une autre phrase, elle peut aussi se placer après, comme le prouvent ces exemples : *C'est ainsi, vous dis-je. La foudre tombe partout, je le sais.*

Changer les phrases suivantes en phrases optatives.

Si je pouvais avoir une fortune indépendante, j'irais me fixer à la campagne. Le ciel fera que je n'aie rien à me reprocher. — Quand bien même je devrais en tomber malade, il faut que je passe la nuit à travailler. — Quand bien même vous parleriez des antipodes à l'égoïste, il vous ramènerait à son *moi*. — Si je ne tenais à nulle autre chose, je tiendrais au moins à la terre où je me serais fixé. — Quand bien même j'aurais mille fois raison, on ne me comprendrait pas. — Plaira-t-il à Dieu que les hommes soient frères ? — Quand bien même nous serions les vainqueurs, il faut éviter la guerre. — Quand bien même il aurait tort, il soutiendrait son opinion. — Quand bien même nous aurions le pouvoir, on ne doit persécuter personne. — S'il plaisait à Dieu que je vinsse à bout de vous persuader. — Quand même nous aurions tous les trésors de la terre, tous nos désirs ne seraient pas encore satisfaits. — Quand même il irait au diable, je ne m'en inquiéterais pas. — Quand je pourrais me faire craindre, j'aimerais mieux encore me faire aimer. — Si l'on me disait des injures, je ne m'abaisserais pas à en répondre. Si j'étais riche, je ne ferais pas consister mon bonheur à posséder, mais à faire un généreux emploi de mes richesses.

MODÈLE D'ANALYSE.

Si je pouvais avoir une fortune indépendante, j'irais me fixer à la campagne.	Pussé-je avoir une fortune indépendante, j'irais me fixer à la campagne.
Le ciel fera que je n'aie rien à me reprocher.	Fasse le ciel que je n'aie jamais rien à me reprocher !
Quand bien même je devrais en tomber malade, il faut que je passe la nuit à travailler.	Dussé-je en tomber malade, il faut que je passe la nuit à travailler.

Au lieu des formes affirmatives, *si j'étais, si j'avais, si je devais, si je puis, si je pouvais*, on emploie les formes optatives, *fussé-je, eussé-je, dussé-je, puissé-je, pussé-je*, qui sont plus élégantes.

Ce qu'il est encore à propos de faire observer ici, c'est que tous les verbes peuvent s'employer optativement à toutes les personnes, excepté à la première personne du singulier. On ne dirait pas : *parlassé-je;* mais on peut dire : *parlasse-tu, parlât-il, parlassions-nous, parlassiez-vous, parlassent-ils*, et ainsi des verbes des trois autres conjugaisons. Les verbes *être, avoir, devoir* et *pouvoir*, font seuls exception, comme nous venons de le faire remarquer.

Dire la nature de chaque proposition.

Qu'elle fut étonnée! — Que sont-elles devenues? — Vive la France! — Ne jugeons pas sur l'apparence. — On ne peut négliger les avis des savants. — Que de richesses ont été englouties dans la mer! — Aide-toi, le ciel t'aidera. — Qu'on trouve peu d'amis fidèles! — Nous perdons tout par trop d'avidité. — Un bienfait n'est jamais perdu. — Où trouver un mortel content de son partage? — Croyez en Dieu. — Nous croyons quelquefois des choses bien étranges. — Ne nous abandonnons jamais au désespoir. — Je n'empêche pas qu'il ne sorte. — Que de chevaux et de bestiaux ont été noyés! — Heureux, disait Mentor, le peuple qui est conduit par un sage roi! — Vive la liberté! — Périssent les tyrans! — Les jours donnés aux dieux ne sont jamais perdus. — Gardons la dignité sous le joug du malheur. — Qui n'a rien vu n'a rien retenu. — Quel brouhaha entends-je? — Peste soit de tous ceux qui m'étourdissent! — Il est bon que nous obéissions aux lois. — Faites cas d'un bon domestique. — Fils d'Ulysse, me dit Areste, je ne puis refuser votre sang aux mânes de tant de Troyens. — A Dieu ne plaise que je souhaite la mort du prochain! — Il n'y a rien que nous ménagions moins que notre santé. — L'esprit dans ses travaux n'est-il pas limité? — Que de fautes on fait à tout âge! — Puissent les dieux vous conserver à vos enfants! — Fussé-je vaincu, j'aimerais ta victoire! — Dussé-je, après dix ans, voir mon palais en cendres! — Il débarqua pour voir, disait-il, ce que c'était qu'un tyran. — Qui n'est pas sensible à la gloire? — Ah! qu'une bonne mère est un riche présent! — Ne traitons personne avec mépris. — Que Dieu vous bénisse! — Ainsi soit-il! — Que cet homme vienne.

MODÈLE D'ANALYSE.

Qu'elle fut étonnée!	PROPOSITION exclamative.
Que sont-elles devenues?	— interrogative.
Vive la France!	— optative.

N° 3.

DE LA NATURE DU SUJET

S'il y a huit sortes de phrases, il y a cinq sortes de sujet, ou, pour mieux dire, le sujet ne peut jamais être exprimé que sous cinq formes différentes :

1° Par *un substantif* ;
2° Par *un pronom* ;
3° Par *un verbe à l'infinitif* ;
4° Par *un mot pris substantivement* ;
5° Par *un adverbe de quantité*.

Comme variante, on peut employer l'infinitif pour le substantif et *vice versâ* : *travailler est prier* ou *le travail est une prière*.

Dire la nature du sujet.

(*On*) aime un bon plaisant, *on* abhorre un caustique. — (*L'acacia*) craint les grands froids. — (*Aimer*) ce qui nous nuit est souvent notre usage. — (*L'ambitieux*) toujours veut monter d'un degré. — (*Qui*) veut trop s'élever trouve qui le terrasse. — (*Un ami*) de trente ans ne se remplace pas — (*On*) ne rencontre pas toujours des amis à foison. — (*L'argent*) répare toute chose. — (*Nous*) faisons cas du beau. — (*Qui*) fait bien trouve bien. — (*Blâmer*) ce qu'on ignore est un trait de novice. —(*Blâmer*) le créateur est d'un mal avisé. — (*Il*) en coûte trop cher pour briller dans le monde. — (*Ce*) qui brille au-dessus, on le veut étaler. — (*Rien*) ne change le caractère. — (*Chaque royaume*) a ses cérémonies. — (*Je*) préfère un bon cœur à tout l'esprit du monde. — (*Tel homme*) a de l'esprit; (*tel autre*) a de l'argent. — (*Celui-ci*) se pourvoit de ce dont l'autre abonde. — (*Personne*) ne reste indigent. — (*Tel*) est pris qui croyait prendre. — (*Rien*) ne sert de courir, il faut partir à point — Chacun a son défaut où toujours il revient. — (*Ce*) qui croît en un jour, en un jour est détruit.—(*L'éclat*) abuse le vulgaire.—(*Combien*) courent à leur ruine!—(*Très-peu*) réussissent.—(*La plupart*) sont sujets à l'erreur. — (*L'enseigne*) fait la chalandise. — (*Tout être*) abhorre l'esclavage — (*Tel*) qu'on veut mépriser s'estime autant qu'un autre. — (*Chaque état*) a son agrément. — (*Chacun*) dans son état peut trouver le bonheur. — (*L'étude*) est d'un grand avantage. — (*Le trop*) d'expédients peut gâter une affaire. — (*Être*) juste ou être vertueux ne sont qu'une même chose. — (*Le plus fort*) a son faible.—(*Pardonner*) est, je crois, agir avec sagesse.—(*Tous*) donnent facilement conseil, mais (*peu*) se chargent du risque. — (*On*) hasarde de perdre en voulant trop gagner. — (*Nul*) ne peut ici-bas trahir son habitude. — (*Abuser*) l'ignorance est chose fort aisée. — (*Imiter*) est dans la nature. — (*Alléguer*) l'impossible aux rois, c'est un abus. — (*Un État*) sans impôts ne pourrait subsister. — (*Le juste*), hélas! pêche dans la journée jusqu'à sept fois.

MODÈLE D'ANALYSE.

(*On*) aime un bon plaisant, *on* abhorre un caustique.	*On*, pronom indéfini.
(*L'acacia*) craint les grands froids.	*L'acacia*, substantif.
(*Aimer*) ce qui nous nuit est souvent notre usage.	*Aimer*, verbe à l'infinitif.
(*L'ambitieux*) toujours veut monter d'un degré.	*L'ambitieux*, adjectif qualificatif, employé substantivement.

N° 4.

DE LA NATURE DE L'ATTRIBUT

Comme le sujet, l'attribut se présente sous cinq formes diverses. Il est représenté :

1° Par *un substantif;*
2° Par *un adjectif qualificatif;*

3° Par *un verbe attributif ;*
4° Par *un participe passé ;*
5° Par *un verbe à l'infinitif.*

Le participe passé est, comme l'adjectif qualificatif, un adjectif modificatif ; mais le premier exprime la qualité en dehors de l'objet, tandis que le second exprime toujours la qualité inhérente à cet objet.

En d'autres termes, avec l'adjectif qualificatif on possède la qualité. Avec le participe, cette qualité nous vient d'autrui. *Une femme aimable, une femme aimée.*

On reconnaît un participe toutes les fois qu'il peut être suivi de la préposition *par.*

Dire la nature des attributs.

Mentir est tromper. — Paris est une capitale. — Dieu est bon. — La terre tourne — Le troupeau est gardé. — Se glorifier de ces fautes est les aggraver. — Le blé est coupé. — Le taureau mugit. — Le dé est carré. — L'Autriche est un empire. — La soupière est creuse. — Le chien aboie. — La vigne est taillée. — Espérer est jouir. — Le rasoir est affilé. — Le vent siffle. — L'hirondelle est un oiseau. — L'assiette est plate. — Le coq chante. — Le chariot est chargé. — Souffler n'est pas jouer. — Le champ est labouré. — Le ruisseau murmure. — Le sapin est élancé. — Le serpent est un reptile. — La règle est droite. — Le loup est un animal. — Le lait est blanc. — Feindre est tromper. — Dieu est adoré. — Le tonnerre gronde. — La fourmi est laborieuse. — La violette est une fleur. — Le sanglier est sauvage. — Le hanneton bourdonne. — La jeunesse est présomptueuse. — Les champs sont labourés. — Travailler est prier. — Le coupable est jugé. — Le cheval galoppe — Le lion est fier. — La Seine est un fleuve. — La pie est bavarde. — Les vagues mugissent. — Les prairies sont fauchées. — Penser est exister. — La mine est exploitée. — Les grenouilles coassent. — Le cerf est léger. — Le Vésuve est un volcan. — Le cochon est malpropre.

— Le pigeon roucoule. — Le soleil est brillant. — **Les pri-**
sonniers sont renfermés. — S'occuper est jouir.

MODÈLE D'ANALYSE.

Mentir est tromper.	*Tromper*, verbe à l'infinitif.
Paris est une capitale.	Une *capitale*, substantif.
Dieu est bon.	*Bon*, adjectif qualificatif.
La terre tourne.	*Tourne*, verbe attributif.
Le troupeau est gardé.	*Gardé*, participe passé.
Se glorifier de ses fautes est les aggraver.	*Aggraver*, verbe à l'infinitif.
Le blé est coupé.	*Coupé*, participe passé.

N° 5.

DE LA NATURE DU VERBE ÊTRE ET DU VERBE AVOIR

Le verbe *être* et le verbe *avoir* sont AUXILIAIRES
toutes les fois qu'ils sont accompagnés d'un participe passé : *Alexandre* A *conquis l'Asie ; —
l'Asie fut conquise* par *Alexandre*.

Dans tout autre cas, le verbe *être* est appelé
SUBSTANTIF : *Alexandre fut roi ;* et le verbe *avoir*,
ACTIF : *Alexandre avait un ami.*

Dire la nature des verbes.

Tu es laborieux. — J'ai une maison. — Le bœuf marche.
— Je fus surpris. — Il a été battu. — Dieu a créé le monde.
— Il avait un tambour. — Vous avez été ingrat — Henri IV
était roi de France.—Le feu a pris. — Le rêveur est distrait.
— Il a été indemnisé. — Il a vendu sa maison. — L'esclavage abrutit — Nous sommes Français. — Nous serons
libres. — Il tremble de froid. — Il n'est pas raisonnable.
— Le blé est cosmopolite comme l'homme. — Chacun a sa
manière de voir. — Les araignées aiment la musique. — La
mécanique a multiplié les forces. — Le feu remplit toute la
nature. — Les oignons d'Égypte sont remarquables par leur
grosseur. — Dieu est le créateur de toutes choses. — **La**

puissance et la grandeur de Dieu éclatent dans ses ouvrages. — L'art du labourage a nécessité l'emploi des métaux. — Les lèvres embellissent tout le visage. — La belle architecture fut d'abord employée à la construction des temples. — Virgile est appelé le cygne de Mantoue. — La guerre a ses appas et la paix ses douceurs. — L'alphabet français comprend vingt cinq lettres. — Les phoques sont des animaux amphibies. — La statue d'Henri IV est élevée sur un terre-plein. — Chaque climat a ses animaux bienfaiteurs. — On badigeonne des maisons que le temps a noircies. — La sandaraque empêche le papier de boire — L'amitié est le charme de la vie. — Les métaux sont arrachés des entrailles de la terre. — L'auteur de la nature a disséminé la lumière dans l'espace. — Le soleil dissipe les nuages.

MODÈLE D'ANALYSE.

Tu es laborieux.	*Es*, verbe substantif.
J'ai une maison.	*Ai*, verbe actif.
Le bœuf marche.	*Marche*, verbe attributif.
Je fus surpris.	*Fus*, verbe auxiliaire.
Il a été battu.	*A été*, verbe auxiliaire.
Dieu a créé le monde.	*A*, verbe auxiliaire.
Il avait un tambour.	*Avait*, verbe actif.
Vous avez été ingrat.	*Avez été*, verbe substantif.
Henri IV était roi de France.	*Était*, verbe substantif.
Le feu a pris.	*A*, verbe auxiliaire.
Le rêveur est distrait.	*Est*, verbe substantif.

N° 6.

DES DIFFÉRENTES SORTES DE SUJETS ET D'ATTRIBUTS

Il n'y a qu'un verbe, le verbe *être;* tout ce qui est avant est le sujet, et tout ce qui est après, l'attribut ou la qualité.

S'il n'y a qu'un objet au sujet et une qualité à l'attribut, le sujet et l'attribut sont simples : **Les Japons** sont *petits.*

S'il y a deux ou plusieurs objets au sujet, deux ou plusieurs qualités à l'attribut, le sujet et l'attribut sont composés : *Voltaire et Chateaubriand furent poëtes et historiens.*

Si le sujet et l'attribut sont qualifiés, ils sont complexes : *Le tabac d'Espagne éclaircit la vue.*

Enfin, si le sujet et l'attribut sont employés absolument, sans qualification aucune, ils sont incomplexes : *La terre tourne.*

Dire la nature des sujets et des attributs.

La terre est opaque. — Les méchants sont adroits à dissimuler. — L'oiseau-mouche est le bijou de la nature. — La pâte de jujube est pectorale. — La renommée est le prix des talents supérieurs. — Le chien, le poisson, la balance, le taureau, sont des signes du zodiaque. — Le tabac d'Espagne éclaircit la vue, fortifie le cerveau et réjouit le cœur. — Lire est utile et agréable. — La mort du maréchal Ney fut un assassinat juridique.—Le vrai mérite est simple et modeste. — Le poirier et le pommier sont des arbres fruitiers. — La vache donne du lait. — L'oie et le cygne sont des oiseaux aquatiques. — Le café de Ceylan est le plus estimé. — Le vin fortifie. — La loi agraire serait un larcin. — L'ananas est le plus délicieux de tous les fruits. — La fleur du chèvrefeuille embaume les jardins. — Saint Pierre et Saint Paul sont nommés les princes des apôtres. — La neige et la rosée engraissent les campagnes. — Tous les champignons ne sont pas comestibles. — L'écriture est la gardienne de l'histoire. — Dieu est infiniment bon. — La vertu est honorée. — La France est fertile et industrieuse. — La terre est ronde. — Le bec de l'aigle est crochu. — Dieu est puissant. — Le chien et le chat sont des animaux domestiques. — Le génie de notre langue est la clarté et l'élégance.

MODÈLE D'ANALYSE.

La terre est opaque.	Sujet simple, attribut simple.

Le chat est un domestique infidele.	Sujet simple, attribut complexe.
Les méchants sont adroits à dissimuler.	Sujet simple, attribut complexe.
L'oiseau-mouche est le bijou de la nature.	Sujet simple, attribut complexe.
La pâte de jujube est pectorale.	Sujet complexe, attribut simple.
La renommée est le prix des talents supérieurs.	Sujet simple, attribut complexe.

Nº 7.

DES COMPLÉMENTS

Il y a cinq sortes de compléments :

1º Le complément modificatif ;

2º Le complément direct ;

3º Le complément indirect ;

4º Le complément adverbial ou circonstantiel ;

5º Le complément accessoire.

Remarquons maintenant que *complément* ne veut pas dire autre chose que *qualification*, et qu'ainsi la qualification n'apparaît, dans le discours, que comme *modificative, directe, indirecte, adverbiale* et *accessoire*.

Qui ne peut reconnaître ces qualifications à première vue, ne verra jamais clair dans le discours. Ne pouvant saisir le rapport des mots entre eux, il ne saura jamais ni parler, ni écrire ; tout sera désordre et confusion dans son langage comme dans ses idées. Il est donc de la dernière importance d'étudier et de connaître à fond les cinq sortes de compléments ou qualifications.

Si le complément indirect se reconnaît à une préposition quelconque, le complément direct, par conséquent, est celui qui se présente sans préposition. Dans *j'aime Dieu, j'aime l'étude, j'aime le silence*, les mots *Dieu, l'étude, le silence*, sont les qualifications ou compléments directs de *j'aime*.

Mais, dira-t-on peut-être, ces mots *Dieu, étude, silence*, n'offrent à l'esprit aucune qualification. Ne voyez-vous donc pas la qualité, l'essence de votre amour? N'est-il pas *divin, silencieux, studieux ?*

Tout mot qui qualifie un verbe est un complément adverbial, répondant toujours à la question *comment*. *Le temps marche promptement.* Marche de quelle manière? *promptement* Promptement est donc le complément adverbial.

En dernier lieu, toute qualification exprimée en plusieurs mots est appelée *complément accessoire*, pouvant se placer après ou avant le sujet. Que l'on dise : ROI DES CHALDÉENS, *Bel reçut les honneurs divins :* ou *Bel,* ROI DES CHALDÉENS, *reçut les honneurs divins ; roi des Chaldéens* est le complément accessoire.

Dire la nature des compléments.

L'immortalité est accordée au génie. — Les méchands sont adroits à dissimuler. — Le miel qui provient des fleurs de l'aconit est vénéneux. — Le tabac étanche le sang — L'âge éteint le feu des passions. — Un grain de philosophie dispose à l'athéisme; beaucoup de philosophie ramène à la religion. — Le ver, ce destructeur-né de nos garde-robes, est tué par l'odeur seule de la térébenthine — La contrebande tend à ruiner les fabriques nationales, en inondant nos marchés de produits étrangers. — Le tillipot qui, par sa hauteur, ressemble à un mât de vaisseau, est célèbre au Ceylan par ses feuilles — L'histoire célèbre les grands hommes de guerre. — Les Romains sacrifiaient à la Victoire. — La tisane de gruau est rafraîchissante.—Les chenilles dévorent les feuilles et les bourgeons. — La mer ne se glace jamais dans toute son étendue. — La grenouille est un animal amphibie — On préfère les égards, monnaie de l'amitié, à un dévouement éventuel. — Chaque homme naît avec le péché originel. — L'uniformité abrège la vie. — La bonne foi est le lien et l'âme de la société. — La sincérité est la mère de la vérité. — Une belle femme plaît aux yeux. — L'insecte dépose un ver rongeur dans le sein de la fleur. — L'Enéide a été composée par Virgile. — Mourir pour sa patrie est glorieux. — Agir sans réflexion est le fait d'un insensé. — Cambyse, roi de Perse, était adonné au vice. — Canalysée, la France rivalisera avec l'Angleterre. — Les oignons de l'Egypte sont remarquables par leur grosseur. — Les cardinaux occupent, en France, le premier rang ecclésiastique. — La modestie ajoute au mérite.—Parler beaucoup est le moyen de dire des sottises. — Bel, roi des Chaldéens, reçut les honneurs divins. — Un sceptre de fer est fragile.—Le temps marche toujours d'un pas égal, uniforme et réglé. — Nous attirons, par notre industrie, les substances nourricières les plus délicates de toutes les parties du monde. — Dieu donne et ôte le sceptre aux rois, comme il lui plaît — Cadmus, fils d'Agénor, fonda la ville de Thèbes. — Nourris à la campagne, vos enfants prendront une voix sonore. — Touchés de mes accords, les chênes applaudissent. — L'homme de bien est cher à ses semblables. — L'histoire célèbre les grands hommes de guerre. — Adonis, aimé de Vénus, était chasseur. — Un arrosoir en fer-blanc se corrode par la rouille. — La prière de l'innocence est agréable à Dieu. — L'hippopotame est le patriarche des fleuves. — Le lait caillé est le mets commun des Tartares. — L'Evangile commande d'aimer son prochain — Le sage sait s'accommoder à tout.

MODÈLE D'ANALYSE.

L'immortalité est accordée au génie.	*Accordée au génie*, complément modificatif et complexe de *l'immortalité*; *Au génie*, complément indirect d'*accordée*; *Génie*, complément direct de la préposition *à*, combinée dans *au*.
Les méchants sont adroits à dissimuler.	*Adroits à dissimuler*, complément modificatif et complexe de *méchants*: *A dissimuler*, complément indirect de *adroits*; *Dissimuler*, complément direct de la préposition *à*.

Nº 8

PROPOSITIONS ABSOLUES, PRINCIPALES ET RELATIVES

Que nous analysions logiquement un livre, un discours, quels qu'ils soient, en prose ou en vers, nous n'y rencontrerons jamais que trois sortes de propositions : ABSOLUES, PRINCIPALES OU RELATIVES.

Elles sont *absolues*, quand elles sont tout à fait indépendantes. Elles sont *principales* et *relatives*, dans les périodes où les propositions liées entre elles découlent les unes des autres. Otez les principales, les relatives n'auraient plus aucun sens. C'est ce que l'on reconnaîtra aisément dans les propositions ci-après.

Analyser les propositions suivantes.

L'espérance anime le courage, la crainte anime l'activité.

— Tout le monde adore la fortune et tout le monde s'en plaint ; nous attribuons ses faveurs à notre mérite, nous la rendons coupable de nos fautes. — Tout esprit devient fort par l'érudition. — Les ariettes de Lulli furent très-faibles ; c'étaient des barcarolles de Venise. — Nos destins sont prévus, nos moments sont comptés. — L'homme le plus obscur aime la liberté. — La fierté du cœur est l'attribut des honnêtes gens ; la fierté des manières est celle des sots ; la fierté de la naissance et du rang est souvent la fierté des dupes. — L'étendue de la mer est aussi grande que celle de la terre ; ce n'est point un élément froid et stérile ; c'est un nouvel empire, aussi riche, aussi peuplé que le premier. — Il est doux de revoir les murs de la patrie. — L'inquiétude du désert produit la curiosité, l'inconstance ; le vide des turbulents plaisirs produit l'ennui. — Turenne meurt, tout se confond, la fortune chancelle, la victoire se lasse, la paix s'éloigne, les bonnes intentions des alliés se ralentissent, le courage des troupes est abattu par la douleur : tout le camp demeure immobile ; les blessés pensent à la perte qu'ils ont faite, et non aux blessures qu'ils ont reçues. — Méfiance est toujours mère de sûreté. — Mortels, tout doit périr, et tout a son trépas. — Charité bien ordonnée commence par soi-même. — Les Romains, malgré l'inégalité du lieu où ils combattaient, repoussent de tous côtés les Gaulois ; Brennus les rallie, lève le siége, et campe à quelques milles de Rome. Camille le suit avec la même ardeur, l'attaque de nouveau et le défait ; la plupart des Gaulois furent tués sur la place. — Qui sert les malheureux sert la Divinité. — Tu aimeras ton ennemi, tu béniras ceux qui te maudissent, tu feras du bien à ceux qui te persécutent, tu prieras pour ceux qui te calomnient. — Tu es le gardien des plus belles femmes de Perse ; tu leur commandes et leur obéis ; tu exécutes aveuglément toutes leurs volontés, et leur fais exécuter de même les lois du sérail. — L'idée du bonheur est souvent plus flatteuse que le bonheur même.

MODÈLE D'ANALYSE.

L'espérance anime le courage, la crainte anime l'activité.	Deux propositions absolues.

Tout le monde adore la fortune, et tout le monde s'en plaint; nous attribuons ses faveurs à notre mérite, nous la rendons coupable de nos fautes.	Période à 4 prop., la 1er principale, les 3 autres relatives. Otez la première, les 3 autres n'ont aucun sens.
Tout esprit devient fort par l'érudition.	Proposition absolue.

Une remarque que nous devons faire ici, c'est que le style biblique, le style philosophique, le style en proverbes, en maximes, sont extrêmement simples et faciles, puisqu'ils marchent continuellement par propositions absolues, c'est-à-dire par sentences. En général, ces sentences sont un ornement et une variété dans toute espèce de style; mais il ne les faut pas prodiguer, surtout dans l'art dramatique; défaut dans lequel est trop souvent tombé Corneille, et que Voltaire, dans ses *Commentaires*, lui a très-justement reproché.

N° 9

PROPOSITIONS INCIDENTES, DITES EXPLICATIVES OU DÉTERMINATIVES

Toute proposition qui est sous la dépendance d'une conjonction est une *proposition relative* dite *explicative*, que l'on sépare toujours de la principale par une virgule : *quand nous sommes fatigués, nous allons nous promener.* QUAND NOUS SOMMES FATIGUÉS, voilà l'explicative.

Toute proposition commençant par l'un des pronoms relatifs *qui, que, dont, où*, se nomme *proposition relative incidente* EXPLICATIVE OU DÉTERMINATIVE : *explicative,* si l'on peut la retrancher de la *principale* sans en altérer le sens, et alors elle se met entre deux virgules ; *déterminative,* si, par le retranchement qui serait fait de cette proposition, la principale ne présentait plus aucun sens. Dans ce cas, elle ne se ponctue pas, à moins qu'elle ne soit d'une certaine longueur qui oblige à mettre à la fin une virgule.

La terre, QUI EST RONDE, *est une petite planète.*

QUI EST RONDE est la proposition incidente que je nomme explicative et que je mets entre deux virgules, parce que *la terre est une petite planète* offre une idée absolue, générale, complète.

La terre QUI M'APPARTIENT *est très-bien cultivée.*

La terre est très-bien cultivée n'offrant pas de sens clair, *qui m'appartient* est donc une proposition incidente déterminative qui n'admet aucune ponctuation.

Il est très-essentiel de savoir, pour l'analyse logique et grammaticale, que les pronoms relatifs *qui, que, dont, où,* sont des deux genres et des deux nombres.

Qui, pour *lequel, lesquels, laquelle, lesquelles,* est toujours sujet, et ne se présente jamais autrement dans le discours ; telle est sa fonction unique.

Que, pour *lequel, lesquels, laquelle, lesquelles,* est toujours régime direct. Il n'a jamais d'autre rôle dans le discours.

Dont, pour *duquel, desquels, de laquellle, desquelles*, est toujours régime indirect.

Où, pour *auquel, auxquels, à laquelle, auxquelles*, n'apparaît non plus dans le discours que comme régime ou complément indirect.

Ces pronoms *qui, que, dont, où*, n'ont donc chacun qu'un rôle unique, spécial, qu'il est de la dernière importance de bien saisir, si l'on veut se bien pénétrer de la valeur des mots et de leur relation entre eux.

Analyser les propositions suivantes.

Celui-là qui vit ignoré vit heureux. — Celui-là est riche qui reçoit plus qu'il ne consomme; celui-là est pauvre dont la dépense excède la recette. — L'autorité qu'on méprise est bientôt bravée. — Quand on imite, il est rare de ne pas tomber dans l'exagération. — Le tempérament qui, dans tous les animaux, influe beaucoup sur le naturel, ne paraît cependant pas, dans la chèvre, différer essentiellement de la brebis. — L'enclos des chartreux, qui n'était pas éloigné de sa demeure, était la promenade ordinaire de Catinat. — Les athlètes qui devaient concourir se tenaient dans un portique voisin. — Sous un ciel couvert d'épais nuages, où la clarté du jour ne pénètre qu'avec peine, s'élèvent de vastes et antiques forêts. — Un plaisir dont on est assuré de se repentir ne peut jamais être tranquille. — Les écoles primaires, où l'on enseigne les premiers devoirs de la morale, doivent être gratuites; mais les écoles secondaires, où l'on apprend les sciences, les arts et les métiers, doivent être payées. — Le globe du soleil, dont nos yeux pouvaient soutenir l'éclat, versait encore le jour dans des espaces sans bornes. — Une fille en naquit, que sa mère a célée. — Un loup survint à jeun, qui cherchait aventure. — Ces hommes sont nuls, dont on n'attend aucun service. — Deux vallons, dont le premier descend du Tourmalet, et l'autre des montagnes de la vallée d'Aure, se perdent au bourg de Sainte Marie, dans la vallée de Campan. — Un jour le jeune Bacchus, que Silène instruisait, cherchait les Muses dans un bocage. — C'est dans les climats où le froid exerce un long empire que la découverte du feu a été une faveur du ciel. — Cette maîtresse d'erreur qu'on appelle fantaisie et opinion, est d'autant plus fourbe qu'elle ne l'est pas toujours. — Celui qui règne dans les cieux est aussi le seul qui se glorifie de faire la loi aux rois. — L'Italie, où la littérature venait d'être transportée par les soins de Boccace et de la république florentine, était le pays de l'Europe le plus propre à faire revivre l'ancienne Grèce. — Descartes et Newton, qui se trouvent dans une si grande opposition, ont eu de grands rapports. — Il faut changer la tactique de la guerre tous les dix ans, si l'on veut conserver quelque supériorité. — Tout homme est suffisamment noble, qui est vertueux et utile. — Tout ce qui est servile est méprisable et odieux. — Les trois cents Spartiates, qui périrent en combattant pour leur patrie, au passage des Thermopyles, se sont acquis une gloire immortelle. — Dès qu'on s'embarque, on se risque. — Les mouches que j'avais observées étaient toutes distinguées par leurs couleurs. — Le Liban, dont le nom doit s'étendre à toute la chaîne du Kesraouân et du pays des Druses, présente tout le spectacle des grandes montagnes. — Quand nous voyons une action d'éclat, cela nous excite à l'imiter. — Toutes les fois que je le puis, je ne néglige jamais l'occasion de me rendre utile. — Quand je suis fatigué de travailler, je vais me promener.

MODÈLE D'ANALYSE.

Celui-là qui vit ignoré vit heureux.

Celui-là vit heureux.	Prop. principale.
Qui vit ignoré.	Prop. déterminative, sans virgule.

Celui-là est riche qui reçoit plus qu'il ne consomme; celui-là est pauvre dont la dépense excède la recette.

Celui-là est riche	Prop. principale.
Qui reçoit plus qu'il ne consomme ;	— déterminative, sans virgule.
Celui-là est pauvre	— principale.
Dont la dépense excède la recette.	— déterminative, sans virgule.

L'autorité qu'on méprise est bientôt bravée.

L'autorité est bientôt bra- vée Qu'on méprise.	Prop. principale. — Déterminativ.

N° 10.

PROPOSITIONS INVERSES

La langue française n'admet que **huit sortes** d'inversions :

1° Celle du sujet ;
2° Celle de l'attribut ;
3° Celle du complément direct ;
4° Celle du complément indirect ;
5° Celle du complément du sujet ;
6° Celle du complément du régime **direct** ;
7° Celle du qualificatif ;
8° Celle de l'adverbe.

La clarté, la concision, l'élégance, voilà les trois premières qualités du style. S'il marche uniforme et réglé, il devient bientôt monotone, fatigant et somnifère. Mais s'il est artistement et sobrement mêlé d'inversions, il acquiert de la grâce, de la variété et de la vie. Usez avec art et modération de l'inversion, sans toujours timidement et grammaticalement vous astreindre à l'ordre des mots : Tout dans la construction doit être sacrifié à l'élégance et à l'harmonie.

Faire l'inversion des phrases suivantes.

L'abondance étouffe *bien souvent* l'industrie. — **Quand on** a même but, on s'accorde *rarement*. — On a droit de manquer *à tout accord forcé.* — Chaque goutte épargée a *flétri sa gloire.* — On doit s'aider *l'un l'autre.* — L'ambitieux veut *toujours* monter d'un degré. — Tout semble possible *à l'ambition.* — La fermeté *unie à la douceur* est une barre de fer entourée de velours. — Les larmes *répandues avec bienséance* ne deshonorent jamais. — Vos enfants, *nourris à la* campagne dans toute la rusticité champêtre, y prendront une voix sonore. — L'amour-propre abonde *toujours en sottises.* — L'apologue est fertile *en leçons.* — On s'avance *lentement* et l'on décline bien vite. — Quelquefois on perd tout *en voulant tout avoir.* — Qui veut avoir *trop* laisse échapper *tout.* — Tout échappe *à qui* veut tout prendre. — Nous devons rendre hommage *à la beauté.* — Un bienfait produit sa récompense tôt ou tard. — Plus la raison est *faible,* plus le coquet est *fort.* — Il faut de grandes causes *aux grands événements.* — Qui aime *bien* châtie *bien.* — On ne peut se connaître dans sa colère. — Heureux qui se contente *de sa condition.* — Craignons d'être victime *des conseils des méchants.* — Le plus sage conseil ne remédie *à rien.* — La France *canalisée* rivalisera avec l'Angleterre. — Des coupables, *bourrelés de remords,* ont imaginé l'athéisme. — De petites bagatelles, *tolérées dans un enfant,* peuvent le faire aller à l'échafaud pour de plus grandes. — Les abîmes *creusés par le fanatisme et l'ignorance sous l'édifice social,* ne furent comblés que par des ruines et des cadavres. — Celui qui se fait craindre *de ses égaux* ne peut jamais s'en faire aimer. — Remerciez les dieux *des dons qu'ils vous ont faits.* — L'apparence *de la félicité* est trompeuse — La fortune se joue de l'orgueil d'un mortel. — Les fripons ont l'usage *d'un masque séduisant.* — Ne soyons point avides *des grandeurs et des biens* — Un fils tire les fruits *des leçons de son père.* — *Mal* arrive *souvent* à qui veut *mal.* — Celui-là *qui* ne fait pas de bien, fait mal. — Le malheur est bien près *de la félicité.* — Celui-là qui nourrit trop son corps, nourrit peu son esprit. — Craignez la tromperie *d'un masque étudié.* — L'âme se donne entière *au mal que l'on ressent.* — Que de maux *l'amour et la colère* ont causés ! — Le marquis de Bedmar est un des plus puissants génies que *l'Espagne* ait jamais produits. — Fabius a été un des plus grands personnages que *la république romaine* ait portés. — Les beaux vers que *Racine* nous a légués ont enrichi notre mémoire. — Colbert eut à réparer les maux que *le règne orageux et faible de Louis XIII* avait causés. — Dugay-Trouin est un des plus grands hommes de mer que *la France* ait eus. — La France n'a plus en Italie les intérêts qu'elle dut y soigner pendant longtemps, et cela par suite de la métamorphose que *ce pays* a éprouvée. — Les usages que *nos ancêtres* ont suivis sont respectables. — La plus étrange souscription est celle qu'*un chimiste* avait ouverte. de fourneaux pour vitrifier les corps des souscripteurs. — Bayle est un des plus grands hommes que *la France* ait produits. — Une Lacédémonienne se glorifiait des blessures que *son fils* avait reçues. — La prévoyance et la dignité ont tracé la route que l'*Angleterre* a suivie. — Une mère doit son expérience à son fils. — Craignons la violence d'un premier mouvement. — Les rêves de *l'orgueil* sont de courte durée. — La pauvreté est *sans cesse* l'objet *du mépris*. — On s'expose à perdre *tout* en *voulant* avoir *trop*. — Le moucheron demeure *où la guêpe a passé*. — Il ne faut pas retomber *d'un mal* dans un pire. — Un peu d'envie se mêle *toujours à la plainte*. — On se ressent *presque toujours des préjugés de la jeunesse*. — Tel *qui croyait prendre* est pris. — La prudence doit *toujours* nous servir de règle. — Il faut se résoudre *à souffrir*. — On doit respecter la misère *des malheureux*.—L'homme *inconstant dans ses projets* parvient rarement au but. — Le cheval, *docile à la voix de son maître*, sait réprimer ses mouvements impétueux.

MODÈLE D'ANALYSE.

Construction grammaticale.	Construction inverse.
L'abondance étouffe bien souvent l'industrie.	*Bien souvent* l'abondance étouffe l'industrie.

Inversion du complément adverbial.

Quand on a même but, on s'accorde rarement.	*Rarement* on s'accorde, quand on a même but.

Inversion du complément adverbial.

On a droit de manquer à tout accord forcé.	*A tout accord forcé*, on a droit de manquer.

Inversion du complément indirect.

Construction grammaticale.	Construction inverse.
On doit s'aider l'un l'autre.	*L'un l'autre* on doit s'aider.

Inversion du complément direct.

L'ambitieux veut toujours monter d'un degré.	*Toujours* l'ambitieux *d'un degré* veut monter.

Inversion du complément adverbial et du complément indirect.

Chaque goutte épargnée a flétri sa gloire.	Chaque goutte épargnée a sa [gloire flétrie. (*Corneille.*)

« *A sa gloire flétrie;* la sévérité de la grammaire, dit Voltaire dans ses *Commentaires sur Corneille,* ne permet point ce *flétrie :* il faut dans la rigueur *a flétri sa gloire;* mais *a sa gloire flétrie* est plus beau, plus poétique, plus éloigné du langage ordinaire, sans causer d'obscurité. »

Ainsi, d'après cette observation de Voltaire, le régime direct d'un participe peut être construit par inversion, surtout en vers, toutes les fois que cette construction ne donne lieu à aucune équivoque, à aucune ambiguité. Aussi est-elle employée souvent dans la poésie légère et badine. On la rencontre fréquemment dans les contes et dans les fables de La Fontaine. Quoi qu'il en soit, elle est proscrite en prose, parce qu'elle donne toujours lieu à un double sens. *J'ai vendu ma maison. j'ai perdu ma montre,* offre, en effet, un sens tout différent que *j'ai ma maison vendue, j'ai ma montre perdue.*

L'équivoque seule empêche donc, dans **cette** circonstance, l'inversion du régime **direct du** participe passé.

N° 11.

PROPOSITIONS ELLIPTIQUES.

Toute proposition, où l'une des **parties est** omise, est elliptique. Sans l'ellipse, le discours serait souvent dépourvu de grâce, de force et d'harmonie. La brièveté lui donne de l'élégance et de la vivacité. De même qu'un arbre a plus de sève et de force quand les branches parasistes ont été élaguées, de même le discours acquiert plus de vigueur et d'énergie lorsqu'il est débarrassé des mots qui n'ajoutent rien à la clarté et à l'expression. Dans vos **constructions** habituez-vous donc à l'ellipse.

Les ellipses permises sont celles :

1° Du sujet ;
2° Du verbe ;
3° De l'attribut ;
4° Du verbe et de l'attribut ;
5° Du sujet, du verbe et de l'attribut.

(Faire les ellipses des propositions suivantes :)

Qui l'a couronné ? c'est la victoire. — Que vouliez-vous qu'il fît contre trois ? je voulais qu'il mourût. — Lorsque tu étais coupable, je t'aimais ; maintenant que tu es malheureux, je te sers. — Je t'aimais quand tu étais inconstant ; qu'aurais-je fait si tu avais été fidèle ! — Le peuple jouit des refus du prince, et le courtisan jouit de ses grâces. — Je suis prodigue de bienfaits, et vous êtes prodigue d'assassinats ! —

L'homme s'incline, il s'agenouille, il rampe, il nage, il se renverse en arc, il fait la roue sur les pieds et sur les mains, il se met en boule, il court, il marche, il saute, il s'élance, il descend, il monte, il grimpe, et il est également propre à gravir au sommet des rochers et à marcher sur la surface dès neiges, propre à traverser les fleuves et les forêts, propre à cueillir la mousse des fontaines et le fruit des palmiers, propre à nourrir l'abeille et à dompter l'éléphant. — On façonne les plantes par la culture, et l'on façonne les hommes par l'éducation. — La constance vient de la stabilité du caractère, comme l'inconstance vient de la légèreté. — L'imposture est le masque de la vérité ; la fausseté est une imposture naturelle ; la dissimulation est une imposture réfléchie ; la fourberie est une imposture qui veut nuire ; la duplicité est une imposture qui a deux faces. — Le travail conduit à la prospérité, la paresse conduit à la misère. — Les livres anciens sont faits pour les auteurs, les livres nouveaux sont faits pour les lecteurs. — Vous régnez ; Londres est libre, et vos lois sont florissantes. — La vie nous paraît courte et les heures nous paraissent longues ; nous voudrions allonger la chaîne, et nous voudrions rétrécir le anneaux. —Son regard est brûlant, ses pas sont désordonnés. — Ses chants sont la nature et son poème est un monde. — Tous les moments où repose sa lyre sont dus à Frédéric, le reste est dû à l'univers. — Dans cette bataille le général fut tué, et les troupes furent taillées en pièce. — Son culte est avili et ses lois sont profanées. — La présence d'esprit, la pénétration, les observations fines sont la science des femmes ; l'habileté de s'en préva oir est leur talent. — La conscience est la voix de l'âme, les passions sont la voix du corps. — Il en est un qui lui présente des gâteaux ; il en est un autre qui lui présente des châtaignes : un autre lui présente des noisettes. — Celui-là qui sert les malheureux sert la divinité. — Celui-là qui veut être aimé doit être aimable.

Construction elliptique.	Construction pleine.
Qui l'a couronné? la victoire.	Qui l'a couronné? la victoire *l'a couronné.*

Ellipse du verbe et du régime direct.

Que vouliez-vous qu'il fît contre trois? qu'il mourût.	Que vouliez-vous qu'il fît contre trois? *je voulais* qu'il mourût.

Ellipse du sujet et du verbe. « Voilà, s'écrie Voltaire, ce fameux *Qu'il mourût*, ce trait du plus grand sublime; ce mot auquel il n'en est aucun de comparable dans toute l'antiquité. » Toute la force de l'expression est dans l'ellipse, et c'est là aussi toute la différence de l'écrivain et du grammairien.

Construction elliptique.	Construction pleine.
Coupable, je t'aimais; Malheureux, je te sers.	*Lorsque tu étais* coupable, je t'aimais : *maintenant que tu es* malheureux, je te sers.

Ellipse de la conjonction, du sujet et du verbe. Parlez ou écrivez selon la construction pleine, et toute la beauté, tout le charme de l'expression elliptique est détruit.

Je t'aimais, inconstant; Qu'aurais-je fait, fidèle.	Je t'aimais, *quand tu étais* inconstant ; qu'aurais-je fait, *si tu avais été* fidèle.

Ellipse de la conjonction, du sujet et du verbe. Quelques grammairiens ont osé critiquer cette construction hardie; mais ces gens-là n'entendent rien au style.

Le peuple jouit des refus du prince, et le courtisan de ses grâces.	Le peuple jouit des refus du prince, et le courtisan *jouit* de ses grâces.

Ellipse du verbe que Marmontel a condamnée et qu'il trouvait trop forte. « La clarté de la phrase, dit M. Philarète Charles, prouve le ridicule de la critique; mais ajoute-t-il, n'était-il pas naturel et nécessaire que l'auteur des *Incas* se montrât injuste envers l'auteur de l'*Esprit des lois.* »

Construction elliptique.	Construction pleine.
Je suis prodigue de bien-faits, et vous d'assassinats.	Je suis prodigue de bien-faits, et vous *êtes prodigue* d'assassinats.

Ellipse du verbe et de l'attribut.

N° 12.

PROPOSITIONS COMPARATIVES.

Il y a trois sortes de comparaisons :

1° Comparaison d'égalité ;

2° Comparaison de supériorité et d'infériorité ;

3° Comparaison superlative.

Quelles que soient les comparaisons, elles se composent toutes de deux propositions ; et de même que dans une balance il y a deux bassins, de même il y a deux termes dans une comparaison. Le premier terme se nomme *antécédent,* le second terme *conséquent* ou *corrélatif.*

Dans les comparaisons d'égalité, *aussi, si, autant, tant, tel,* sont les antécédents ; *que* ou *comme* les corrélatifs.

Plus et *mieux,* dans les comparaisons de supériorité ; *moins,* dans les comparaisons d'infériorité, sont les antécédents ; et *que,* le corrélatif ou conséquent. Dans ces sortes de comparaisons, si le premier membre est affirmatif, le second doit être négatif, et *vice versâ.*

Il suffit de mettre *le, la, les* devant *plus, mieux, moins* pour exprimer la comparaison superlative ou la comparaison au plus haut degré. On l'exprime aussi par *très, fort, extrêmement,* etc.

Aussi, autant entrent dans les comparaisons affirmatives ; *si, tant* dans les comparaisons négatives.

Lorsque *aussi, autant,* sont exprimés, ils doivent toujours avoir pour corrélatif *que* ; quand ils sont sous-entendus, ils ont pour corrélatif *comme.*

Ne confondez pas *rien moins* avec *rien de moins.* Le premier est négatif ; le second affirmatif.

Ne confondez pas non plus *pire* et *pis, mieux* et *meilleur. Pis* et *mieux* sont des adverbes qui modifient les verbes. *Pire* et *meilleur* sont des adjectifs qui modifient les substantifs.

(Dire la nature des propositions comparatives.)

L'activité est *aussi* nécessaire au bonheur *que* l'agitation lui est contraire. — Il y a *autant* de faiblesse à fuir la mode *qu*'à l'affecter. — Les actions sont *plus* sincères *que* les paroles. — Ma gloire vous serait *moins* chère *que* ma vie. — La poésie est *plus* naturelle à l'homme *qu*'on ne le pense. — C'est *le meilleur* de tous les hommes. — *Les infiniment petits* ont un orgueil *infiniment grand.* — *Le plus heureux* est celui qui souffre *le moins* de peines ; *le plus misérable* est celui qui sent *le moins* de plaisirs. — *La pire* des bêtes est le tyran parmi les animaux sauvages ; parmi les animaux domestiques, c'est le flatteur. — La *Phèdre* de Racine, qu'on dénigrait tant, n'était *rien de moins* qu'un chef-d'œuvre. — Louis XI était *pire que* Tibère. — Le travail est une *meilleure* ressource contre l'ennui *que* les plaisirs. — Celui qui a perdu la confiance ne peut rien perdre *de plus.* — L'élégance de Racine plaît *davantage* au goût, celle de Voltaire à l'imagination. — La langue paraît s'altérer tous les jours ; mais le style se corrompt bien *davantage.* — L'abbé Prévôt a *plus* écrit *que* Fénelon ; mais Fénelon a *mieux* écrit *que* l'abbé Prévôt. — Il a fait *plus* de deux lieues à pied. — Le singe n'est pas *plus* de notre espèce *que* nous ne somme de la sienne. — L'oubli de toute religion conduit à l'oubli des devoirs de l'homme Ce progrès était déjà *plus d'à demi* fait dans le cœur du libertin. — La plupart des lecteurs aiment *mieux* s'amuser *que* s'instruire. — L'exécution de mauvaises lois est *moins* dangereuse *que* l'arbitraire. — *Plus* on a étudié la nature, *plus* on a connu son auteur. — *Plus* les devoirs son étendus, *plus* il faut faire d'efforts pour les remplir. — *Moins* l'assemblée est grande, et *plus* elle a d'oreilles. — Moins on mérite un bien, *moins* on l'ose espérer. — *Plus* un homme a l'âme bonne, *moins* il soupçonne les autres de méchancetés.— Les cerfs blancs n'étaient pas *plus* communs anciennement *qu'*ils ne le sont aujourd'hui. — L'ingratitude enlève *moins* de plaisir au bienfaiteur *qu'*à l'ingrat. — Tels que l'on voit s'enfuir les biches à l'approche des chasseurs, tels on voyait les Troyens se sauver devant les Grecs. — Qui te rend *si* hardi de troubler mon breuvage ? — Le roi est *aussi* intéressé *que* le peuple à l'équilibre politique. — Les vertus devraient être sœurs, *ainsi que* les vices sont frères. — Rien ne persuade *tant* les gens *que* ce qu'ils n'entendent pas. — Idoménée n'a point recours à la fuite comme un enfant ; il reste à son poste de pied ferme, *tel que* sur une montagne un vieux sanglier, connaissant sa force, attend en un lieu désert la bruyante arrivée des chasseurs. — Ereuthalion, *tel qu'*un dieu, nous bravait à la tête de ses armées. — *Autant* la pitié est douce quand elle vient à nous, *autant* elle est amère, même dans ses secours, quand il faut l'implorer. — Il y avait dans cette chambre un lit *tel quel.* — Un malheureux qui en console un autre a une éloquence *d'autant plus* puissante *qu'*il la puise en lui-même. — Il n'y a point d'homme si vicieux *qu'*il ne possède quelque bonne qualité. — Le matin de la vie est *comme* le matin du jour, plein de pureté, d'images et d'harmonies.—*Plus* l'offenseur est cher. *plus* on ressent l'injure. — Cette guerre ne fut pas *moins* heureuse *qu'*elle était juste. — On ne fait rien de *mieux que* le bien. — Qu'y a-t-il de *meilleur que* la langue ? qu'y a-t-il de *pire ?*—

Il ne faut *rien de moins* dans le monde *qu'*une vraie et naïve impudence pour réussir. — Adieu, monsieur, ma fille et moi nous vous aimons *à qui mieux mieux*. — La distinction *la moins* exposée à l'envie est celle qui vient d'une longue suite d'ancêtres. — *Comme* le soleil chasse les ténèbres, *ainsi* la science chasse l'erreur. — L'homme est *d'autant moins* pauvre *qu'*il désire *moins*. — L'âne est de son naturel *aussi* humble, *aussi* patient, *aussi* tranquille, *que* le cheval est fier, ardent, impétueux. — *Moins* notre esprit a de lumières, *moins* il éclaire nos vertus. — *Plus* les hommes sont médiocres, *plus* ils mettent de soins à s'assortir. — Le faible est destiné à servir *le plus* fort. — Ce n'est pas au moment d'une émotion *très-vive* que l'on jouit *le plus* de ses sentiments. — Les romans sont les livres *les plus agréables, les plus universellement lus* et *les plus utiles*. — Je trouve que le château de Grignan est *parfaitement beau*. — Après les yeux, les parties du visage qui contribuent *le plus* à marquer la physionomie sont les sourcils. — *Ainsi que* la vertu, le crime a ses degrés. — Souvent notre repentir n'est pas *tant* un regret du mal *que* nous avons fait *qu'*une crainte de celui qui peut nous arriver. — Les chevaux turcs ne sont jamais *si* bien proportionnés *que* les barbes. — L'Allemagne est *aussi* peuplée *que* la France. — *Plus* on a lu, *plus* on est instruit ; *plus* on a médité, *plus* on est en état d'affirmer que l'on ne sait rien. — La condition des hommes serait *pire que* celle des bêtes si la solide philosophie et la religion ne les soutenaient. — L'agneau est *le plus doux* des animaux. — Il n'y a rien de bon dans l'athéisme ; ce système est *fort mauvais* dans le physique et dans le moral.

MODÈLE D'ANALYSE.

L'activité est *aussi* nécessaire au bonheur *que* l'agitation lui est contraire.	Comparaison d'égalité sous le rapport de la manière.
Il y a *autant* de faiblesse à fuir la mode *qu'*à l'affecter.	Comparaison d'égalité sous le rapport de la quantité.
Les actions sont *plus* sincères *que* les paroles.	Comparaison de supériorité.
Ma gloire vous serait *moins* chère *que* ma vie.	Comparaison d'infériorité.
La poésie est *plus* naturelle à l'homme *qu'*on ne le pense.	Comparaison de supériorité.
C'est *le meilleur* de tous les hommes.	Comparaison superlative.

N° 13.

PROPOSITIONS IMPLICITES.

On entend par *propositions implicites* des mots aux expressions interjectives équivalant par eux mêmes à des propositions tout entières comme *tout doux! ma foi! dame! jour de Dieu! motus!* etc., qui signifient implicitement : *allez tout doux; je le jure par ma foi; je le jure par Notre-Dame; je le jure par le jour de Dieu; ne dites motus*, etc.

Sous saint Louis on porta des peines contre ceux qui blasphémaient le nom de Dieu, et le peuple, pour échapper aux amendes et aux punitions, changea Dieu en bleu : d'où les jurons *parbleu! ventrebleu! morbleu! tête bleu! corbleu! palsambleu!* etc. ; qui signifient : *je jure par Dieu, par la vertu de Dieu, par la mort de Dieu, par la tête de Dieu, par le corps de Dieu, par le sang de Dieu*, etc. Il y a une infinité de propositions implicites, et ce serait une étude aussi intéressante qu'instructive, que de les ramener à des propositions complètes.

(Faire une proposition de chaque mot entre parenthèse.)

(Tout doux!) vous suivez trop votre amoureuse envie. — *(Ma foi!)* sur l'avenir bien fou qui se fiera. — *(Dame!)* on ne court pas deux lièvres à la fois. — *(Jour de Dieu!)* je saurai vous frotter les oreilles. — *(Motus!)* il ne faut pas dire que vous m'avez vu sortir de là. — *(Par mon chef!)* c'est un siècle étrange que le nôtre. — *(Mon Dieu!)* l'étrange embarras

qu'un livre à mettre au jour. — (*Eh! miséricorde!*) on traîne mon mari en prison. — (*Malheur*) aux aveugles qui conduisent! (*Malheur*) aux aveugles qui sont conduits! — (*Sus!*) que de ma maison on sorte de ce pas. — (*Ah! vivat!*) j'ai gagné ma cause. — (*Ha!*) vous êtes dévot, et vous vous emportez. — (*Ah!*) que de la vertu les charmes sont puissants. — (*Eh!*) qui n'a pleuré quelque perte cruelle.? — (*Hé!*) monsieur. peut-on voir souffrir les malheureux? — (*Oh!*) si la sagesse était visible, de quel amour les hommes s'enflammeraient pour elle! — (*Oh!*) qu'il est cruel de n'espérer plus! — (*Or ça,*) verbalisons. — (*Là, là!*) consolez-vous, je suis encore en vie. — (*Juste ciel!*) qu'entends-je? — (*Ouf!*) je n'en puis plus. — (*Ay, ay!*) on m'étrangle! — (*Ouais!*) vous êtes bien obstinée, ma femme. — (*Baste!*) il faut de la philosophie. — (*Alerte!*) voilà les ennemis. — (*Ma foi!*) qu'il m'injurie tant qu'il voudra, je ne me mettrai jamais en peine de répondre à ses invectives. — (*Holà!*) mes gens, qu'on m'avertisse! — (*Paix! silence!*) il me vient un surcroît de pensée. — (*Sur mon âme!*) j'ai le cœur bon, j'ai le cœur tendre, et j'aime tout le monde. — (*Patience!*) avant peu tout cela va changer.

MODÈLE D'ANALYSE.

(*Tout doux!*) vous suivez trop votre amoureuse envie.	Sujet : Vous. Attribut : Allez (*tout doux*).
(*Ma foi!*) sur l'avenir bien fou qui se fiera.	Sujet : Je. Attribut : Jure sur (*ma foi*).
(*Dame!*) on ne court pas deux lièvres à la fois.	Sujet : Je. Attribut : Jure par Notre (*Dame*).
(*Jour de Dieu!*) je saurai vous frotter les oreilles.	Sujet : Je. Attribut : Jure par le (*jour de Dieu*).

DEUXIÈME PARTIE.

ANALYSE GRAMMATICALE.

N° 1.

DU SUBSTANTIF.

L'analyse grammaticale, telle qu'on la pratique dans les écoles, n'apprend rien ou très-peu de chose. En général, les instituteurs et les institutrices se bornent à faire reconnaître, dans une ou plusieurs phrases données, les parties du discours. Quand un enfant a dit ce que c'est qu'un substantif, un adjectif, un pronom, un verbe, etc., il a analysé, et on ne lui demande rien de plus. C'est là cependant une pauvre analyse. Pour nous, l'analyse grammaticale consiste, non-seulement dans la connaissance et l'indication des parties du discours, mais encore dans le rôle qu'elles jouent et dans la relation qu'elles ont entre elles. C'est ce que l'on verra dans la troisième partie de ces *Modèles d'analyse.*

Dans cette seconde partie, nous n'avons à nous occuper purement et simplement que des mots. Nous commencerons par le Substantif.

Comme nous l'avons dit, il y a deux grandes classes de substantifs : *substantifs physiques* et *substantifs métaphysiques*.

Tous les noms des objets visibles sont des *substantifs physiques*.

Et tous les noms des objets invisibles sont des *substantifs métaphysiques*.

Pour ne pas nous répéter, nous nous bornons à dire ici que les grammairiens distinguent quatre sortes de substantifs :

1° Le *substantif commun ;*
2° Le *substantif propre ;*
3° Le *substantif composé ;*
4° Le *susbtantif collectif.*

Ces quatre sortes de substantifs, dont nous avons donné ailleurs la définition, doivent être indiquées dans les phrases qui suivent :

(Dire la nature des substantifs.)

Les *graines* de *dahlias* ont rarement le *temps* de mûrir sous le *climat* de *Paris* — Le *chèvre-feuille* a une *odeur* parfumée. — La *constitution* de *Rome* et celle d'*Athènes* sont très-sages. — La *terre* est ronde. — *Philippe II* ne permettait à ses *sujets* l'*air* d'*allégresse* qu'au *spectacle* des *auto-da-fé*. — Une *troupe* d'*assassins* entra dans la *chambre* de *Coligny*. — L'*Angleterre* abonde en *blé*. — Une *multitude* de *passions* divisent les *hommes* dans les *villes*. — Les *chauves-souris* sont de vrais *quadrupèdes*. — Le *Danemarck* est un *royaume* assez considérable, situé à l'*entrée* de la *mer Baltique* — Les *Elzévirs* sont aujourd'hui très-recherchés. — Les *paysans* mangent de grandes *assiettées* de *soupe* et ne s'en portent que mieux.—La bonne *foi* est le *lien* et l'*âme* de la *société*. — La plus belle *terrasse* des *environs* de *Paris* est celle de *Saint-Germain-en-Laye*. — Les trois *Horaces* combattent pour *Rome*, les trois *Curiaces* pour *Albe*. — Les *orangs-outangs* ont l'*instinct* de s'asseoir à *table*. — Une *armée* est la *force* d'un *pays*. — Rien n'augmente un *bataillon* comme un *succès*. — Le *soleil* est un *million* de *fois* plus gros que la *terre*. — *Cléopâtre* mourut de la *piqûre* d'un *aspic*. — Le *génie* supplée l'*espérance*. — *Louis XII* revendiquait le *duché* de *Milan*, parce qu'il comptait parmi ses *grand'mères* une *sœur* d'un *Visconti*. — Les *Portugais* sont polis et affables envers les *étrangers*. — Le *Nord* fut le *berceau* de la *féodalité*. — La *Grèce* fut le *berceau* des *arts* et des *sciences*. — Vous reconnaîtrez un *Italien*, un *Français*, un *Espagnol*, à son *style*, comme aux *traits* de son *visage*. — La *musique* des *Grecs* était très-différente de la nôtre. — L'*appétit* se satisfait moins vite que la *faim*. — La *viande* est peu en *usage* en *Arabie*. — La *pluralité* des *maîtres* n'est pas bonne. — Les *sables* de l'*Afrique*, où nous n'avons pas de *gardes-chasse*, nous envoient des *nuées* de *cailles* et d'*oiseaux* de passage. — Une *nuée* de *critiques* s'est élevée contre *Lamotte*. — Les *productions* du *palmier* servent aux *besoins* journaliers d'une *multitude* de *peuples*. — L'*Espagne* s'honore d'avoir produit les deux *Sénèque* — Une *feuille* su fit au *nid* de l'*oiseau-mouche* — L'*avarice* est la plus vile de nos *passions*. — Il n'y a si petite *nation* moderne qui n'ait ses *Alexandres* et ses *Césars*. — Les deux *Phèdres* semblaient avoir une égale *destinée*. — Les *Socrate*, les *Platon*, les *Newton* ont été les plus savants, comme les plus religieux des *hommes*. — Les *jugements* portés d'après des *ouï-dire* sont hasardés ou faux. — Les *Alpes* sont les *barrières* naturelles entre la *France* et l'*Italie*. — L'*Autriche* est un *empire*. — Les *femmes* de l'*Orient* savent apprécier le *corail*. — Le *Coran* est le *recueil* du *dogme* et de *préceptes* de la *religion* musulmane. — Le *commun* des *hommes* aime les *phrases*. — Un *pour-boire* et une petite *récompense*. — La *moitié* des *enfants* périssent avant la *huitième* *année*. — Les *ballets* sont la *partie* la plus brillante de l'*opéra* de *Paris*. — *Rome* et *Londres* n'ont point de *quais*. — Le *succès* encourage. — La *paresse* d'*esprit* abêtit. — Nous vîmes des *poissons-volants*. — *Adrien* rebâtit *Jérusalem* mais il en bannit les *Juifs* — Les *Pyrénées* séparent la *France* de l'*Espagne*. — La *Seine* coule à *Paris* et la *Tamise* à *Londres*.

MODÈLE D'ANALYSE.

Les graines de dahlias ont rarement le temps de mûrir sous le climat de Paris.	*Graines*, subst. commun; *dahlias*, subst. commun; *.temps*, subst. commun; *climat*, subst. commun; *Paris*, subst. prop.
Le chèvre-feuille a une odeur parfumée.	*Chèvre-feuille*, subst. comp.; *odeur*, subst. commun.
La constitution de Rome et celle d'Athènes sont très-sages.	*Constitution*, subst. commun; *Rome* subst. prop. de ville; *Athènes*, subst. propre de ville.
La terre est ronde.	*Terre*, subst. commun.
Philippe II ne permettait à ses sujets l'air d'allégresse qu'au spectacle des auto-da-fé.	*Philippe*, subst. prop.; *sujets* sub. commun; *air*, subst. commun; *allégresse*, subst. commun; *spectacle*, subst. csmmun; *auto-da-fé*, subst. comp.

Nos 2 et 3.

DE L'ADJECTIF ET DU PRONOM.

On appelle *adjectif* tout mot qui prend le genre et le nombre d'un substantif.

L'*adjectif qualificatif* est celui qui, exprimant une qualité bonne ou mauvaise, se met logiquement après le substantif.

Les *adjectifs déterminatifs* sont ceux qui précèdent toujours le substantif, et qui, faisant voir les objets sous le point de vue ou de détermination, ou de numération, ou de possession, ou de démonstration, ou d'indétermination, sont appelés : 1° *articles ;* 2° *adjectifs numéraux ;* 3° *adjectifs possessifs ;* 4° *adjectifs démonstratifs ;* et 5° *adjectifs indéfinis.*

Quant aux *pronoms*, ils prennent, comme les *adjecdifs*, le genre et le nombre des substantifs; mais leur différence, c'est que les adjectifs se présentent toujours accompagnés du substantif, tandis que les pronoms en tiennent toujours lieu.

Nous avons dit qu'il y a **six sortes** de pronoms : 1° *pronoms personnels;* **2**° *pronoms démonstratifs;* 3° *pronoms possessifs;* 4° *pronoms relatifs;* 5° *pronoms interrogatifs,* et 6° *pronoms indéfinis.*

Nous venons de dire que l'adjectif est toujours accompagné du substantif, et que le pronom en tient toujours la place. C'est là, en effet, leur seule différence, comme nous allons le démontrer.

> *Le* ciel, je *le* vois.

Le premier *le,* étant suivi du substantif *ciel,* est un adjectif appelé *article.* Le second *le,* privé qu'il est du substantif, est donc *pronom.*

> *La* lune, je *la* contemple.

Le premier *la* est adjectif ou article, puisqu'il est suivi du substantif *lune.* Le second *la* est pronom, puisqu'il remplace le substantif.

> *Les* étoiles, on ne peut *les* compter.

Qui ne voit maintenant que *les* est un adjectif déterminatif, suivi qu'il est de son substantif *étoiles;* et que le second *les,* tenant lieu du substantif, est pronom?

Ce chapeau est à moi.
Ce n'est pas à vous.

On voit que le premier *ce* est un *adjectif*, dit *démonstratif;* et que le second est un *pronom* de la même espèce.

Cet homme-ci est savant.
Celui-ci est ignorant.
Cet homme-là est riche.
Celui-là est pauvre.

Cet est encore un adjectif démonstratif, et *celui-ci, celui-là*, des pronoms de la même espèce.

Mon enfant est vraiment le *mien*.			
Ton	—	—	le *tien*.
Son	—	—	le *sien*.
Notre	—	—	le *nôtre*.
Votre	—	—	le *vôtre*.
Leur	—	—	le *leur*.

Quelle difficulté, nous le demandons, y a-t-il maintenant à reconnaître l'*adjectif possessif* du *pronom possessif?* Ne voit-on pas que l'*adjectif possessif* est *mon, ton, son, notre, votre, leur*, et que, par conséquent, il est accompagné du substantif *enfant* qui le suit; tandis que le pronom possessif est *le mien, le tien, le sien, le nôtre, le vôtre, le leur*, toujours précédé de l'article et remplaçant toujours le nom?

Tout le château fut pillé.
Tout fut brûlé.
Tous les hommes sont mortels.
Tous sont frères.

Nul bonheur n'est stable.
Nul ne veut rester indigent.
Chaque homme a son opinion.
Chacun a sa folie.
Tel homme a de l'argent.
Tel rit vendredi qui pleurera dimanche.
Plusieurs écrivains ont écrit d'une manière inintelligible.
Plusieurs ont brillé.
Quelques hommes ont eu du bonheur.
Quelques-uns ont eu du malheur.

Aucun homme ⎫
Personne ⎭ n'est exempt de la mort.

Aucune chose n'est éternelle.
Rien n'est éternel.

Ne reconnaît on pas encore, à première vue, que *tout*, *tous*, *nul*, *chaque*, *tel*, *plusieurs*, *quelque*, *aucun*, *aucune*, sont des adjectifs indéfinis, parce qu'ils déterminent les objets d'une manière vague et qu'ils sont suivis, chacun, de leurs substantifs ? Que ces mêmes adjectifs, ainsi que *chacun*, *personne*, *rien*, étant employés absolument, c'est-à-dire sans substantif aucun, sont des pronoms ?

L'homme *qui* ne désire rien est heureux.
Qui ne désire rien est heureureux.
Qui ne désire rien?

Le premier *qui*, est appelé *pronom relatif*; le second, *pronom absolu*; le troisième, *pronom interrogatif*. Mais quelles que soient ces dénominations, ce n'est jamais qu'un seul et même pronom, d'une seule et même nature, et, dans tous les cas, toujours pronom relatif.

EXERCICE ANALYTIQUE.

(Dire la nature des adjectifs et des pronoms.)

Personne a-t-*il* jamais raconté plus naïvement que La Fontaine? *L'*amour, dans *un jeune* homme, est toujours *romanesque*. — *Vingt-quatre* livres de pain *blanc* valaient un denier d'argent par *les* Capitulaires. — Souvent *nos* malheurs et *nos* torts sont *la* faute de *nos* mentors. — *Qui* peut dire s'*il* vivra demain? — *Quiconque* désire toujours passe *sa* vie à attendre. — Par *soi-même on* peut juger d'*autrui*. — Loin *des* personnes *qui nous* sont *chères, toute* demeure est *un* désert. — *Mon* cœur dans *le tien* se plaît à *s'*épancher. — *Les* cornes sont *la* défense *du* taureau; *l'*aiguillon, *celle* de *l'*abeille; *la* raison, *celle* de *l'*homme. — *Le* voilà donc rempli, *cet* oracle *funeste!*—*T'*attendre aux yeux d'autrui, quand *tu* dors, *c'*est erreur. — *On* méprise *ceux qui* n'ont *aucune* vertu. — *Chaque* homme a *son* génie. — *Tout* homme est sujet à *la* mort. — *Mon* ami, *la* sobriété en *toute* chose, *c'*est *l'*art de jouir. — *L'*âge de *l'*homme ne passe pas communément *quatre-vingts* ans. — *Tout* homme à *son* gré peut gouverner *le* sort. — *Tel* avec *deux* millions de rente peut être *pauvre chaque* année de *cinq cent mille* livres. — *Ce* fut *la* nuit du *vingt-trois* au *vingt-quatre* août, fête de saint Barthélémy, en 1572, que *s'*exécuta *cette sanglante* tragédie. — *Chacun* sera jugé selon *ses bonnes* ou *ses mauvaises* œuvres. — *Il* y a toujours eu *du* mouvement et de *l'*intelligence dans *le* monde; *ce* mouvement et *cette* intelligence *se* sont distribués de *tout* temps suivant *les* lois de *la* nature. — *C'*est *un des grands* secrets de *la* vie, que de savoir adoucir *nos* ennuis. — Après *les bonnes* leçons, *ce qu'il* y a de plus *instructif, ce* sont *les* ridicules. — *La* leçon *des* exemples instruit beaucoup plus que *celle des* préceptes. — *Toutes les* espèces *nuisibles*, comme *celle du* lion, paraissent être reléguées à *un petit* nombre. — Végéter, *c'*est mourir; beaucoup penser, *c'*est vivre. — *La* musique *des* Grecs était *très-différente* de *la nôtre*. — *La* rose de *la* Chine étonne *nos* jardins. — A *certaines* hauteurs règnent *des* neiges *éternelles*. — *Notre* vie est *un* pèlerinage *auquel nous* condamne *le* sort.—*Quelle* est donc *cette* faculté *appelée* raison, *que j'*emploie à obser-

ver *la* nature? — *Qu'est-ce qui vous* trouble? pourquoi vou-
lez-*vous* mourir? — *Qu'est-ce qui* frappe? — *L*'ignorance et
le mépris *des* devoirs produisent *le même* effet : *l'un* vient *du*
défaut *absolu* d'éducation, *l'autre* part d'*une* éducation *fausse*.
— *Les* langues ont *chacune leurs* bizarreries. — *Nulle* paix
pour *l*'impie ; *il la* cherche, *elle* le fuit. — *Les* hommes *qui*
ont le plus vécu ne sont pas *ceux qui* ont compté le plus
d'années, mais *ceux qui* ont le mieux employé *celles qui leur*
ont été départies. — *Mon* ami, *la* sobriété en *toute* chose,
c'est *l*'art de jouir. — *L*'ambition ni *la* fumée ne touchent
point *un* cœur comme *le mien*. — *Ces* juges *iniques* condam-
nèrent Socrate à boire *la* ciguë. — *La* fureur de *la* plupart
des Français, c'est d'avoir de *l*'esprit. — *Les* cardinaux occupent, en France, *le premier* rang *ecclésiastique*. — *Le*
globe *terrestre* a *trois mille* lieues de diamètre. — L'orgueil
aveugle se suppose *une* grandeur et *un* mérite *démesurés*. —
Deux avis valent mieux qu'*un*. — *Les* enfants sont attachés
à *la* nourrice *qui les* a allaités. — *Je* pardonne de *bon* cœur
à *mes* ennemis. — *Tout* homme doit savoir oublier *l*'injure
qu'il a reçue. — *Le* fer, *qui* tranche *tout*, n'est qu'*un* moyen
vulgaire. — *Se* vaincre appartient *aux* héros. — *Les* habitants *des* presqu'îles de *l*'Inde sont presque *tous noirs*. — La
Condamine a parcouru *l'un* et *l'autre* hémisphère. — *Les*
hommes ne sont faits que pour *se* consoler *les uns les autres*.
— *Les* abeilles, dans *un* lieu donné, bâtissent, *chacune*, *leurs*
cellules. — *Chacun* à *son* métier doit toujours s'attacher. —
Chaque pays, *chaque* degré de température a *ses* plantes particulières. — En *tous* pays, *tous les bons* cœurs sont frères.
— *Grands* et *petits*, *riches* et *pauvres*, *tout* pénétrait jusqu'à
saint Louis. — *Chaque* nuit et *chaque* aurore *nous* apportent
de *nouveaux* journaux de *la* sagesse et de *la* bonté *divine*.—
Rien ne *nous* appartient, *tout* est à *la* patrie. — *Tous les*
biens sont mêlés, et *chacun* a *sa* peine. — Par *soi-même*, *on*
peut juger d'*autrui*. — *Elle* juge *des autres* par *elle-même*.—
Personne ne veut être plaint de *ses* erreurs. — *Les* personnes
retirées ne s'occupent que *du* soin *des* choses *du* Seigneur.
— *On* ne refuse *rien* de *quelqu'un qui* sait plaire. — Dieu est
partout ; *tous les* lieux sont marqués par *quelques-uns* de *ses*
prodiges. — *Personne* n'est *téméraire* quand *il* n'est vu de
personne. — *Il* semble que *les* climats extrêmement *chauds*
soient *contraires aux* chevaux. — *Quiconque* est vivement
ému voit *les* choses d'*un autre* œil *que les autres* hommes. —
La liberté est vraiment *le seul* bien ; si *on le* perd, *tout* est

perdu avec *lui*. — Sans haïr *les autres* nations, *on* peut aimer et respecter *la sienne*. — *Tout* dans *la* nature est *parfait*. — *Aucun* n'est *prophète* chez *soi*. — *Nul* n'est *prophète* en *son* pays. — *Tel qui* rampait s'élève et *nous* étonne. — *Ce* n'est pas *le* rang *qui* fait *l'*homme. — *Celui qui* fait *le* bien connaît-*il le* remords ? — *Tout* être *sage se* contente de *son* état. — *Qui* prétend savoir *tout*, prouve qu'*il* ne sait *rien*. — *La* loi *même* est souvent moins *forte* que *l'*usage. — Dans *tous les* temps *le* ventre a *tout* gâté. — *Notre* vie est *un* pèlerinage *auquel nous* condamne *le* sort. — *Nul* agrément n'est né de *l'*affectation. — *Il* n'est *meilleur* ami ni parent que *soi-même*. — *Nul* bien sans mal, *nul* plaisir sans armes. — *Tel* deuil n'est fort souvent qu'*un* changement d'habit. — *Tel* prétend mériter *notre* reconnaissance, *qui* ne travaille que pour *lui*. — *Quel* fils ne *se* croit pas plus *sage* que *son* père ? — *L'*opinion *publique* pénètre dans *les* cabinets où *la* politique *s'*enferme. — *Un* livre *curieux* serait *celui* dans *lequel on* ne trouverait pas de mensonge. — Arrière *ceux dont la* bouche souffle *le* chaud et *le* froid. — Louis *XIV* accorda *aux* savants et *aux* artistes *cette* faveur, *cette* protection sans *laquelle les* arts ne peuvent fleurir.

MODÈLE D'ANALYSE.

Personne a-t-il jamais raconté plus naïvement que Lafontaine.	*Personne,* pronom indéf. ; *il,* adj. qualif.
L'amour, dans un jeune homme, est toujours romanesque.	*Romanesque,* pron. pers.
Vingt-quatre livres de pain blanc valaient un denier d'argent par les Capitulaires	*Vingt-quatre,* adj. num. card. ; *blanc,* adj. qualif.
Souvent nos malheurs et nos torts sont la faute de nos mentors.	*Nos,* adj poss.
Qui peut dire s'il vivra demain ?	*Qui,* pron. interr. ; *il,* pron. pers.
Quiconque désire toujours passe sa vie à attendre.	*Quiconque,* pron. indéf. ; *il,* pron. pers
Par soi-même on peut juger d'autrui.	*Soi-même,* pron. pers. ; *autrui,* pron. indéfini.

Loin des personnes qui nous sont chères toute demeure est un désert.

Des, art. comp.; *qui*, pron. rel.; *nous*, pron. pers.; *chères*, adj. qualif.; *toute*, adj. indéf.; *un* adj. nun

Mon cœur dans le tien se plaît à s'épancher.

Mon, adj. poss; *le tien*, pron. poss.; *se*, pron. pers.

Les cornes sont la défense du taureau, l'aiguillon, celle de l'abeille; la raison, celle de l'homme.

Les, *la*, *du*, art.; *celle*, pron. démonst.

N° 4.

DU VERBE.

Les anciens grammairiens ont divisé les verbes en huit grandes classes, savoir :

1° Verbes actifs;

2° Verbes passifs;

3° Verbes neutres;

4° Verbes réfléchis;

5° Verbes réciproques;

6° Verbes impersonnels;

7° Verbe substantif;

8° Verbes auxiliaires.

Ces dénominations ne manquent pas de justesse et sont, de plus, généralement connues. Nous ne voyons donc pas de raison à leur en substituer de nouvelles, et à ne reconnaître que deux sortes de verbes : VERBES D'ÉTAT et VERBES D'ACTION. Au reste, nous n'attachons aucune importance à toutes ces distinctions. Si nous les rappelons ici, c'est pour que l'on connaisse les unes et les autres.

Dans l'*analyse grammaticale* on a appris que tout *verbe actif* est celui qui a un régime direct, c'est-à-dire un substantif ou un pronom sur lequel tombe l'action du verbe, comme dans : *je tue un lièvre. Lièvre* étant le régime direct de *tue, tuer* est verbe actif.

Le *verbe passif* est celui qui, en relation avec l'auxiliaire *être,* exprime un action reçue, soufferte par le sujet. Ainsi dans cette phrase : *le lièvre est tué par le chasseur, est tué* est verbe passif.

Le *verbe neutre* est celui dont l'action ne réside que dans le sujet. *Dormir, régner, triompher, courir, marcher*, sont des verbes neutres, puisqu'ils ne sauraient être suivis d'un régime direct ou d'un substantif sur lequel ils exercent une action quelconque.

Le *verbe réfléchi* est ainsi appelé, parce qu'il exprime une action faite par le sujet sur lui-même. On le reconnaît au pronom personnel *se*, qu'il suffit de mettre devant un verbe pour le rendre réfléchi. Ainsi *se promener, se moucher, s'habiller, se lever* sont des verbes réfléchis. Si le le pronom *se* est pour *soi*, le verbe est dit *réfléchi direct : Pierre se bat;* si le pronom est pour *à soi*, le verbe est dit *réfléchi indirect : les jours se succèdent.*

Les *verbes réciproques* sont ainsi appelés, parce qu'ils expriment une action tour à tour reçue et produite par le sujet qui est toujours collectif ou pluriel : *les hommes* s'ENTRE-DÉCHIRENT, *ils devraient* s'ENTR'AIDER.

Le verbe *impersonnel* ou *unipersonnel*, comme il plaît de l'appeler, est celui qui n'a que la troisième personne du singulier et se conjugue toujours avec le pronom *il* impersonnel, comme *il pleut, il gèle, il neige, il faut, il vaut mieux.*

Il n'y a qu'un *verbe substantif*, le verbe *être*, qui est tel, toutes les fois qu'il n'est pas en relation avec un participe passé.

Les deux *verbes auxiliaires* sont *être* et *avoir*, ainsi appelés, parce qu'ils servent à la formation des temps composés de tous les autres verbes.

EXERCICE ANALYTIQUE.

(*Dire la nature des verbes.*)

L'épine *voit éclore* et s'*éclipser* la rose. — La foudre étincelante *éclate* dans les nues. — *Nuire* à son bienfaiteur, c'est se *nuire* à soi-même. — Ce qui *sert* à l'un *nuit* à l'autre. — Le faible *est* fort quand on l'*opprime*. — Souvent le plus beau jour *finit* par un orage. — En vain le sot orgueil s'*applaudit* et s'*admire*. — On *pardonne* aisément le mal involontaire. — Il *est* bon de parler et meilleur de se *taire*. — Je ne *connais* de biens que ceux que l'on *partage*. — On dédaigne l'utile, on *chérit* l'agréable. — Il se *faut entr'aider*, c'est la loi de nature. — L'aisance *étouffe* l'industrie. — L'ambition se *perd* en s'élevant. — Chez les amis tout s'*excuse*, tout *passe*. — Il en *coûte* parfois de s'*estimer* trop haut. — L'apologue *naquit* au sein de l'abondance. — Jamais nous ne *devons juger* sur l'apparence. — L'appétit *vient* en mangeant. — Rien ne *peut* des mortels *arrêter* l'appétit. — L'argent *répare* toute chose. — Un aveugle souvent en *veut conduire* un autre. — Les battus *paient* l'amende. — Le temps *emporte* la beauté. — Le bel esprit *pâlit* à côté du génie. — Le besoin nous *unit*, l'intérêt nous *divise*. — La bêtise et l'orgueil *ont* étroit parentage. — Qui *fait* bien *trouve* bien. — Il *vaut* mieux *être* bon qu'habile. — Le vrai bonheur *vient* de la paix — Le bonheur n'*est* pas *fait* pour un ambitieux. — Il *faut* avec prudence *écrire* et se *borner*. — Le calme et le bonheur *embellissent* les champs. — Rien ne *change* le caractère. — *Cédons* au destin sans *murmurer*. — On *respire* toujours un air pur dans les champs. — Rarement à *changer* on *gagne*. — Le chant *est né* de l'allégresse. — Le monde n'*a* jamais *manqué* de charlatans. — Il *est* bon de *choisir* ceux qu'on *veut obliger*. — Plus on s'*élève*, plus on *doit craindre* une chute. — L'univers *perd* beaucoup dans un bon citoyen. — La clémence *sied* bien aux personnes royales — Bonheur *advient* au cœur compatissant. — Bon cœur *a* besoin d'*être instruit*. — Les Romains *sacrifiaient* à la victoire. — L'impie *est* rarement par le ciel *oublié*. — Rien ne *paraît* impossible à nos yeux. — L'impunité *rend* brave. — Que de tout inconnu le sage se *méfie*. — Même infortune *assortit* les humeurs. — La terre d'ingrats *est couverte*. — C'est l'intérêt qui *fait* et qui *rompt* les traités — C'est temps perdu de *prêcher* un ivrogne. — La jeunesse trop tôt se *flatte* ou *désespère*. — On se *repent* de mal *employer* le jeune âge. — On ne *songe* jamais au bien dont on *jouit*. — Le lâche *tombe* et *meurt* au sein de l'abondance. — Le plus puissant toujours *sait éluder* la loi. — Pour *arrêter* le luxe, il n'*est* point de barrière. — On ne doit *maltraiter* personne. — Nous *calculons* les biens, presque jamais les maux. — Quand on *sert* les méchants, on *périt* avec eux — De l'âme des méchants la concorde *est bannie*. — A la fin le mensonge *ennuie*. — Le mérite se *cache*, il *faut* l'*aller trouver*. — La modération *est* le trésor du sage. — On *meurt* comme l'on a *vécu*. — On ne *peut vaincre* la nature — Tout *finit* par *céder* à la persévérance.

MODÈLE D'ANALYSE.

L'épine voit éclore et s'éclipser la rose.	*Voit*, v. a.; *éclore*, v. n.; *s'éclipser*, v. réfl. dir.
La foudre étincelante éclate dans les nues.	*Éclate*, v. n.
Nuire à son bienfaiteur, c'est se nuire à soi-même.	*Se nuire*, v. réfl. indir.

Ce qui sert à l'un nuit à l'autre.	*Sert, nuit,* v. n.
Le faible est fort quand on l'opprime.	*Est,* v. subst.; *opprime,* v. a.
Souvent le plus beau jour finit part un orage.	*Finit,* v. a. empl. neutralement.
En vain le sot orgueil s'applaudit et s'admire.	*S'applaudit, s'admire,* v. réfl. dir.
On pardonne aisément le mal involontaire.	*Pardonne,* v. a.
Il est bon de parler, meilleur de se taire.	*Il est,* v. imp.; *parler,* v. n. *se taire,* v. réfl. dir.

N° 5.

DU PARTICIPE PRÉSENT ET DU PARTICIPE PASSÉ

Le *participe présent* exprimant une action est toujours invariable : *Les étoiles* CIRCULANT *autour du soleil.*

Le *participe présent* exprimant un état est toujours variable : *des espèces* CIRCULANTES.

Ne confondez pas le verbe en *ant* avec les adjectifs en *ent.* Le premier exprimant l'action, comme nous venons de le dire, s'écrit toujours avec un *a : un homme* EXCELLANT *dans son art.* Les autres, exprimant l'état, la qualité, s'écrivent avec un *e : un homme* EXCELLENT.

Quant au participe passé, il est verbe ou adjectif, selon qu'il exprime la qualité externe ou interne. Il est verbe dans : *la justice est* BANNIE *de la terre.* Il est adjectif dans : *la nature est* VARIÉE.

Le participe passé est cette forme du verbe qui est toujours en relation avec *être* ou *avoir* et qui finit par *é, i, u,* dans les verbes réguliers : *aimé, fini, reçu, rendu.*

EXERCICE ANALYTIQUE.

(Dire la nature des participes et des adjectifs.)

Les femmes sont naturellement *dépendantes* de leurs maris. — Les animaux, *vivant* d'une manière plus conforme à la nature, doivent être sujets à moins de maux que nous. — Il n'y a que les âmes *aimantes* qui soient propres à l'étude de la nature — Qui vit longtemps a beaucoup *vu.* — Il y a des peuples qui vivent *errants* dans les déserts. — Les Juifs apprirent la langue chaldaïque fort *approchante* de la leur.— Les morts et les vivants se succèdent continuellement. — C'est un enfant *négligent.* — Cet enfant, *négligeant* ses devoirs, ne fera aucun progrès.—Le vrai moyen d'éloigner la guerre, c'est de cultiver les armes, c'est d'honorer les hommes *excellant* dans cette profession.—C'est une dame d'un *excellent* caractère. — Les peintres nous représentent les Muses *présidant* à la naissance d'Homère, de Virgile.—L'archevêque de Narbonne était *président-né* des États de Languedoc.— Les Turcs ont toujours des ministres étrangers *résidant* continuellement chez eux.—La femme du résident s'appelle madame la résidente.—Combien la rage de dire des choses *nouvelles* a fait dire des choses *extravagantes !* — En *violant* la loi, on se place hors de l'ordre *social.* — C'est surtout en politique, que rien de *violent* ne peut être *durable.* — Ne vous livrez pas à des plaisirs *précédant* le repentir. — On est quelquefois bien *différent* de soi-même. —Des hommes *différant* de mœurs, d'opinions, de sentiments, d'intérêts, ne peuvent rester longtemps unis. — Je connais bien des personnes *souffrantes* et *résignées.* — J'ai *vu* des personnes *souffrant* cruellement.—J'aime à avoir affaire à une personne *obligeante.*— Il y a des personnes *dormant* d'un sommeil si *profond,* que le bruit de la foudre ne les réveillerait pas. — J'approuve fort qu'on ait l'âme *élevée.* — L'envie a la dent *acérée.* — L'esprit dans ses travaux n'est-il pas *limité ?*—On sent le poids des fers dont on est *attaché*. — On explique le combat des opinions d'une nation en la *divisant* en payants et en payés. — L'impie est rarement par le ciel *oublié*. — *Certaines* gens, *faisant* les *empressés*, s'introduisent dans les affaires. — Respect à la chose *jugée*. — Dans la nécessité tout doit être *permis*. — L'on va chercher parfois l'ignorance *titrée*. — Ce qui n'est pas *pur* ne peut être *excellent*. — Par le mérite on voit la roture *ennoblie*. — Les parvenus sont *durs*. — L'Eglise a *institué* des prières pour les mourants. — Les moins entendus sont les plus *hardis* à entreprendre. — Plusieurs princesses de la maison d'Autriche ont *été gouvernantes* des Pays-Bas. — Il n'y a point de privilégiés pour le ciel. — On dit que Thèbes pouvait faire sortir dix mille combattants par l'une de ses portes. — Les offenseurs et les *offensés* qui ne se pardonnent pas ont toujours tort. — Tous les êtres ont *été combinés* pour former un ensemble d'où naît la beauté de l'univers. — Les connaissances *spéculatives* ne conviennent guère aux enfants, même *approchant* de l'adolescence. — Plusieurs savants ont *soupçonné* que quelques races d'hommes ou d'animaux *approchants* de l'homme ont *péri*. — Le plaisir de faire du bien nous paie *comptant* de nos bienfaits. — La vie ou *longue* ou *courte* est *égale* aux mourants. — Il est *pesant* le fardeau de la vie. — Toute puissance est *faible*, à moins que d'être *unie*. — Souvent les trompeurs sont *trompés*. — Oh! le triste talent qu'un talent *emprunté*. — Tel nous sert en *voulant* nous nuire. — Fais le bonheur d'autrui, tu seras *satisfait*. — *Bornée* ou *personnelle*, la satire est *maussade*. — Parfois les plus *sages* sont *pris*. — Un roi n'est point *aimé*, s'il n'est point *débonnaire*. — Souvent pour la vertu le riche n'est pas *né*. — Pour recueillir il faut avoir *semé*. — Par le plaisir l'homme est *conduit*. — Que sert-il d'être *plaint*, quand l'âme est *envolée*? — Souvent un piége est *caché* sous la fleur. — Vers le crime souvent le pauvre est *entraîné*. — Souvent les parvenus se sont trop *oubliés*. — Tout plan mal *conçu* fait un *mauvais* ouvrage. — C'est dans l'esprit *borné* que l'orgueil prend sa source. — L'orgueil *humilié* n'est jamais en repos. — L'occasion qui rit soudain doit être *prise*. — Par les forfaits on voit la noblesse *avilie*. — La nature est partout *variée* et *féconde*. — *Certain* âge *accompli*, le vase est *imbibé*, l'étoffe a *pris* son pli. — A mordre on n'a plus goût, quand les dents sont *usées*.

MODÈLE D'ANALYSE.

Les femmes sont naturelleme t dépendantes de leurs maris.	*Dépendantes,* adj..
Les animaux, vivant d'une manière plus conforme à la nature, doivent être sujets à moins de maux que nous.	*Vivant,* part. prés.
Il n'y a que des âmes aimantes qui soient propres à l'étude de la nature.	*Aimantes,* **adj. v.**
Qui vit longtemps a beaucoup vu.	*Vu,* **part. passé.**
Il y a des peuples qui vivent errants dans les déserts.	*Errants,* **adj. v.**
Les Juifs apprirent la langue chaldaïque fort approchante de la leur.	*Approchante,* **adj. v.**
Les morts et les vivants se succèdent continuellement.	*Morts, vivants,* **part. empl.** subst.

N° 6.

DE L'ADVERBE, DE LA PRÉPOSITION, DE LA CONJONCTION ET DE L'INTERJECTION.

L'*adverbe* est le mot qui modifie le verbe et qui est généralement terminé en *ment*. Il y a plusieurs sortes d'adverbes dont nous ne répéterons pas ici l'énumération. Nous renvoyons pour cela à notre *Analyse grammaticale*.

La *préposition* est ce mot qui veut toujours un substantif, un pronom et un infinitif après lui pour compléter la pensée, et qui, conjointement avec ce substantif, ce pronom et cet infinitif, forme toujours une qualification ou complément direct.

La *conjonction* est un mot qui joint toujours deux propositions.

Enfin, l'*interjection* est un mot inarticulé, image de toutes nos sensations.

Les adverbes, les prépositions, les conjonctions et les interjections sont *simples* quand ils sont exprimés par un seul mot. Ils sont *composés*, lorsqu'ils sont exprimés en un ou plusieurs mots.

Ce qu'aucune grammaire n'indique, ce sont non-seulement les interjections suivantes, mais le cas où on doit les écrire avec un *h* initial ou final.

> Ah! eh! ih! oh! uh!
> Ha! hé! hi! ho! hu!

Les premières, avec un *h* final, ayant un son prolongé, s'emploient pour exprimer toutes nos sensations de peine ou de plaisir, de joie ou de douleur.

Les secondes, avec un *h* initial, et à cause de leur son bref, s'emploient dans tous les cas de surprise et d'étonnement.

EXERCICE ANALYTIQUE.

(Dire la nature des adverbes, des prépositions, des conjonctions et des interjections.)

Il y a des villes où l'on passe, *où* l'on *ne* peut faire un pas *qu'*on *n'*ait *aussitôt* mille mendiants à ses trousses. — La grâce, en s'exprimant, vaut *mieux* que ce qu'on dit. — Mauvaise graine est *tôt* venue. — Un bel habit souvent cache *bien*

des misères.—De ce qu'on fait en *hâte*, on se repent *après*.—
Abuser l'ignorance est chose *fort* aisée. — L'impie est *rarement* par le ciel oublié. — *En* te conformant *dans* les disgrâces *à* la volonté du ciel, tu *ne* t'apercevras *quasi* pas des rigueurs *de* la fortune.—J'ai fait une maladie de quinze jours, et je n'ai *plus maintenant que* la peau et les os. — J'honore la vertu *partout* où je la trouve. — *Quand* je suis malade, je n'ai *guère* besoin que de bon bouillon.—J'aime à railler les railleurs, et je leur donne *quelquefois* sur les doigts.—Dès qu'on est élevé, *parfois* on déraisonne — De l'embonpoint du corps *souvent* l'âme maigrit. —On ne doit *jamais* s'emporter.—L'excès d'un *très*-grand bien devient un mal *très*-grand. —L'exemple est *toujours* salutaire.—Il faut *bien* égayer la fable quand on peut.—*Si* je ne me contente pas d'être *médiocrement* heureux, il est probable que je *ne* serai pas *médiocrement* malheureux.—*Si* j'emploie ma vie *utilement* et *sagement*, j'aurai une vieillesse agréable et douce.—*Si* j'étais capable de flatter, je serais *vraisemblablement aussi* capable de calomnier. — *Peste* soient des gens qui se moquent de moi! — *Bon Dieu! comme* je bois et *comme* je mange. — *Ah!* l'étrange chose que la vie! je puis *bien* dire qu'un malheur ne vient *jamais* seul.—Ventre affamé *n'a point* d'oreilles. — Un fat abuse *ainsi* de qui se rend trop *bon*. — Femme sage est *plus* que femme belle. — *Comment ne point* s'intéresser aux filles! — *Quelquefois* la fortune est un mauvais présent. — Sans règle et sans frein, *tôt* ou *tard* on succombe.— On hasarde de perdre en voulant *trop* gagner.— Il est *partout* des glorieux.—*Ne* disputons jamais des goûts. —*Ah! parbleu!* je serais *bien* de mon pays *si avec* mon argent je ne prenais pas toutes mes aises. — *Oh! pourquoi* la fortune m'a-t-elle refusé un peu *de* terre *dans* ma terre natale? — *Ah!* je le sens, je ne suis pas le seul qui soit à plaindre sur cette terre. — C'est *surtout* chez les grands qu'ingratitude abonde. — Le *plus* instruit est souvent le moins sage. — Aux morts, *comme* aux absents, nul *ne* prend intérêt. —La jeunesse *aisément* s'irrite. — Jeunesse est ignorante et prompte à *mal* juger. — Quiconque jouit *trop* est bientôt dégoûté. — Que les jours fortunés passent *rapidement!* — Pour arrêter le luxe il *n'est point* de barrière. — *Force* gens ont été l'instrument de leur mal.—*Eh! bon Dieu!* qui est-ce qui vaut *mieux que* moi? — *Quand* tu tuerais en duel cent médisants ou cent calomniateurs, que prouverais-tu autre chose, *sinon que* tu es le plus heureux *ou* le plus adroit. —

Quoique très-malheureux, il est rare que je le sois *assez* pour ne pas faire des heureux.—Si je veux parler *éloquemment,* il faut *que* je parle à propos. — Si j'étais *entièrement* privé de bonnes qualités, je ne pourrais ni les apercevoir ni les comprendre.—Si j'étais né envieux et méchant, je serais *naturellement* triste —Si je m'élève *rapidement,* je tomberai *souvent* de même.—Il est naturel que je me trompe, *mais si* je persistais *opiniâtrement dans* mon erreur, je serais *alors* un sot *ou* un fou.—Je suis *ordinairement* content de ceux qui semblent l'être de moi. — *Dès que* je réfléchis *attentivement* sur les devoirs d'un monarque, je tremble *à* la vue d'une couronne.— Je loue *hautement* les qualités que je crois avoir *et* j'admire en silence celles dont je suis privé.—Il ne faut pas que je me plaigne de la fortune, si elle reprend *aveuglément* ce qu'elle m'a donné. — *Si* j'avais un ami qui m'avertît *judicieusement* de mes fautes, je le considérerais *comme* un bien inestimable. —Au milieu des cris et de la fureur des partis, j'y distingue *difficilement* la vérité. — Si je pense *solidement,* je pourrai fonder quoi que *ce* soit. — Si j'avertis *charitablement* les autres de leurs défauts, c'est que j'ai un plaisir secret à les humilier.—Tout ce que je dis *honnêtement* n'est pas *honnêtement* pensé. — Si je veux vaincre *promptement,* il faut que je prépare *lentement* la guerre. — *Soit* au physique, soit au moral, je dois un tribut quotidien à la douleur.—Si j'avais prévu qu'il fît beau, je me serais levé de *bonne heure,* et je serais parti pour Versailles. — *Puisque* je lui ai donné ma promesse, il faut *bien* que je la tienne. — *Si* j'avais à *me* faire une douce idée du paradis, j'imaginerais que je dois y vivre *éternellement* avec ceux que j'aime.—Dès que je suis vertueux et utile, je suis *suffisamment* noble. — Jouis de peu, *si* tu veux jouir de quelque chose. — Je ne me permets pas de juger ce que je ne puis *ni* apprécier *ni* comprendre. — *Que* je rampe, je suis écrasé; *que* je marche la *tête haute,* je me blesse; *si* je prends des détours, je me fourvoie : il faut donc que je marche droit sans orgueil ni bassesse. — Je n'ai que peu de jours à rester *dans* cette ville, *et, par conséquent,* je n'ai pas de temps à perdre. —Je ne heurte les idées de personne, *mais* je ne souffre pas *non plus* qu'on heurte les miennes. —J'ai le pouvoir de parler, *mais* je n'ai pas celui d'outrager. —Si je fréquentais *assidûment* les églises, je voudrais du moins être digne d'y entrer.—Je préfère l'habitude de parler aussi *posément que* j'écris à celle d'écrire *aussi* vite *que* je parle.—Ce n'est que par l'éducation que je pourrai jouir *plei-*

nement des avantages de la richesse.—**Assure le bonheur public, et tu seras** *au-dessus du* **conquérant. —** Si j'étais juge, je me croirais *au-dessous* du bourreau si j'étais partial.—Tout ce qui se passe *autour de* moi m'avertit de la fragilité humaine. — Si je juge *sévèrement* les autres, je serai jugé de même. — Je désirerais *peu* de chose avec ardeur, si je savais *parfaitement* ce que je désire.—Si je pense et que je raisonne *toujours juste,* il faut *conséquemment* que j'avise *toujours bien.* — *Rarement* je raisonnerai *juste,* si je raisonne *d'après* mon intérêt. — Je ne saurai *jamais au juste* le nombre de mes ennemis, *mais* j'aurai bientôt celui de me amis. — Tant que je ne verrai pas *clair* dans une affaire, je ne l'entreprendrai pas. — Si je débitais un discours *publiquement,* il serait honteux pour moi de rester *court.*—Les folies que je ferai la veille, je les paierai *cher le lendemain.* — Il y a *peu* de plaisirs que je n'achète trop *cher.* — Je ne fais que me promener *depuis* le matin *jusqu'au* soir. — *Quand* j'étais à Paris, je me plaisais à aller au spectacle et à la promenade. — Je me suis battu *à bras le corps avec* lui. — Je ne vois *partout* que l'oppression du fort *contre* le faible. — Il me faut un Dieu, et il vaut *mieux que* je le prenne *dans* le ciel que *sur* la terre. — Je rougirais de me déshonorer *par* le désir insatiable *d'*entasser écus *sur* écus. — *Quand* on m'attaque, je me défends *envers* et *contre* tous. — *Sans* la musique je ne saurais subsister, et *sans* la danse je ne saurais me divertir. — Je ne suis pas prophète *chez* moi.—Je vais me promener *tous les jours* aux Champs-Elysées, et je vais *de* la place de la Concorde *à* la barrière de l'Etoile. — Je travaillerais *sans* succès au grand œuvre de la félicité publique, si je ne prenais pour base l'amour de la patrie. — Le faux ami n'aime que *relativement à son propre intérêt*; et si la cupidité le lui conseille, il deviendra ingrat et parjure.—Je pense à vous ma chère fi le *préférablement à toutes choses.*—*Indépendamment des grâces de son âge et de sa gaité vive et carressante,* elle a dans le caractère un fond de douceur et d'égalité. — Polyeucte parle comme il doit parler, *conformément* aux préjugés. — *Ma foi!* qu'il m'injurie *tant* qu'il voudra, je ne me mettrai *jamais en* peine *de* répondre *à* ses invectives. — *Sur mon âme!* j'ai le cœur bon, j'ai le cœur tendre et j'aime tout le monde. — *Dès qu'*il est sept heures, je me lève; *quand* il est neuf heures, je déjeune; *lorsqu'*il en est cinq, je dîne, et à minuit je me couche. — Je me dis *quelquefois en* moi-même que la vie est trop courte *pour que* je m'en inquiète. — *Quand* je le voudrais, je ne saurais *ni* tromper, *ni* feindre, *ni* mentir. — Si je jugeais des hommes par leurs discours, je me tromperais *lourdement*. — Si je pouvais faire tout ce que je veux, je ferais *rarement* tout ce qu'il faut que je fasse. — Il ne faut pas que je parle à Dieu plus *lestement* que je n'oserais le faire aux dieux de la terre. — Je n'ai qu'à changer d'état tous les jours, et je ne tiendrai pas si *fortement* à mes opinions. — *Pour* moi, je m'imagine être le plus heureux homme du monde, *pourvu que* tout marche à ma fantaisie. — Ménage les larmes de tes enfants, *afin qu'*ils puissent en répandre sur ta tombe. — *Si* je tuais quelqu'un en duel, je ne prouverais autre chose, *sinon que* je suis plus heureux *ou* plus adroit que lui. — Le plaisir de la domination n'est pas assez vif en moi *pour que* je l'achète au prix de mon indépendance.—J'aime les longues soirées, *parce que* j'aime à deviser au coin *du* feu.—Je puis perdre moi-même ma réputation en écrivant, *tandis que* les écrits des autres ne me la feront pas perdre. — La mort *de* mon père fut *pour* moi une source intarissable de pleurs. — Je flottais *de* sentiment *en* sentiment, *de* pensée *en* pensée. — Il faut que je prenne patience, et que je ne jette pas le manche *après* la cognée. — Un vaste silence régnait *autour de* moi; *seulement,* à de longs intervalles, j'entendais les hurlements des loups.— Une brise légère apportait *jusqu'à* moi les suaves odeurs qui s'exhalaient des acacias en fleur.— *Combien* n'y a-t-il pas d'horizons *au-delà* de celui qui lo ne m'a vu !— J'aurai beau avoir du génie, je ne pourrai pas insulter *impunément* aux préjugés de mon siècle.—Je ne serai *véritablement* grand que si je le suis *pour* l'avantage de mes semblables. — *Antérieurement* à ma naissance je *ne* sais *pas* ce que j'étais, *postérieurement* à ma mort je ne sais pas ce que je deviendrai. — Dans toute affaire épineuse, il faut que je me résolve *indépendamment* de tout conseil.—Il faut que j'aime Dieu *préférablement* à toutes choses. — Il faut que je vive *conformément* à mon état. — Si j'étais homme d'État, il faudrait que je parlasse et que j'agisse toujours *conséquemment* à mes principes. — Je serai considéré *comme* fou, si je ne vois pas *comme* les autres hommes : *ainsi* si j'ai du génie, je suis fou *relativement aux* autres qui n'en ont pas — Il faut qu'à l'exemple de Regulus j'aime ma patrie *exclusivement* à moi.—Si je travaille *pour* la société je serai récompensé *proportionnellement* à mon mérite. — Si je parle *sérieusement dans* une affaire, il faut que je parle *convenablement au* sujet. — Si je n'avais pas de principes, j'agirais et je parlerais *différemment de* ce que je faisais la veille. — Si je refuse *durement* l'aumône aux pauvres, suis-je sûr de n'avoir jamais rien à demander à personne? — Dans tout ce que je fais, il faut que je me hâte *lentement*. — Si j'étais femme, je voudrais plutôt juger *sainement* les livres que d'en parler *savamment*. — Je suis *légitimement* puni, lorsque ma crédule avidité me fait dupe.

MODÈLE D'ANALYSE.

Il y a des villes où l'on passe, où l'on ne peut faire un pas qu'on n'ait aussitôt mille mendiants à ses trousses.	*Où,* adv. de lieu; *aussitôt,* adv. de temps.
La grâce, en s'exprimant, vaut mieux que ce qu'on dit.	*Mieux,* adv. de comparaison; *que,* conj.
Mauvaise graine est tôt venue.	*Tôt,* adv. de temps.
Un bel habit souvent cache bien des misères.	*Souvent,* adv. de temps.
De ce qu'on fait en hâte on se repent après.	*En hâte,* locution adv.; *après,* adv. de temps.
Abuser l'ignorance est chose fort aisée.	*Fort,* adv. de manière.
L'impie est rarement par le Ciel oublié.	*Rarement,* adv. de manière.
En te conformant dans les disgrâces à la volonté du ciel, tu ne t'apercevras quasi pas des rigueurs de la fortune.	*Quasi,* adv. de manière.
J'ai fait une maladie de quinze jours, et je n'ai plus maintenaut que la peau et les os.	*Maintenant,* adv. de temps; *que,* conj.
J'honore la vertu partout où je la trouve.	*Partout, où,* adv. de lieu.

TROISIÈME PARTIE

ANALYSES LOGIQUES ET GRAMMATICALES DES DIX PARTIES DU DISCOURS (1).

DES SUBSTANTIFS.

(Analyser logiquement et grammaticalement les propositions suivantes.)

L'humanité est la première des vertus. — L'hospitalité est en honneur chez tous les peuples de l'Orient. — Les armes des Égyptiens étaient de bronze. — L'œillet est faible et délicat. — La paresse et l'oisiveté sont les seuls dédommagements de la servitude. — La santé déjà ruinée par l'intempérance succombe par la multiplicité des remèdes. — Les plantes, les arbres, la végétation purifient l'atmosphère. — Les travaux applicables à tout sont les plus utiles. — Les puissances temporelle et spirituelle se sont en tout temps disputé le gouvernement des sociétés. — Les hommes à cheveux noirs commencent à être rares en Angleterre. — Le froment à barbes serrées est cultivé dans le département de Vaucluse. — La cuisine française est renommée partout. — La meilleure de toutes les grammaires est une bonne habitude. — Les Suédois sont bien faits, robustes, agiles. — L'ancien gouvernement de Venise était une aristocratie. — Les bains étaient fort en usage chez les anciens. — Le coke est du charbon de terre desséché. — Le lait d'ânesse est en réputation en France. — La puissance et la grandeur de Dieu éclatent dans ses ouvrages. — Travailler est prier. — La vapeur des

(1) Cette troisième partie est la plus importante de toutes, puisqu'elle n'existe dans aucun Traité de ce genre, et que sans elle il est de toute impossibilité d'analyser un discours. Nous ne saurions trop la recommander à tous ceux qui veulent non-seulement se rendre compte de la valeur des mots et de leur relation entre eux, mais encore être à même d'analyser les morceaux que nous donnons dans la QUATRIÈME PARTIE.

brouillards obscurcit les cieux. — La génisse se plaît dans un gras pâturage. — Les petits rentiers demeurent à la banlieue. — Les hommes depuis longtemps sont à la recherche de la dessalation de l'eau de mer. — Le travail écarte l'ennui, le vice et la misère. — Les pipes d'écume de mer sont un objet de luxe chez les Orientaux. — La mort de Jésus est d'un Dieu. — La fin de Socrate est d'un sage. — Le cœur est du côté gauche — L'éloge de l'agriculture est dans la récompense de nos travaux. — Les hommes à imagination sont exposés à faire bien des fautes. — Les navires américains sont d'une grandeur énorme. — L'absolution prodiguée enhardit le péché. — L'esturgeon est d'un aspect effrayant. — La race caucasienne est le type de l'espèce humaine. — L'essence de l'homme est d'être un animal raisonnable. — La France a été longtemps tributaire de l'industrie hollandaise. — L'art de tailler les cristaux nous vient de Bohême. — Dieu est de toute éternité — Le blé fournit les moyens de satisfaire par toute la terre aux principaux besoins de la vie. — Tout le monde doit savoir écrire et compter. — Notre bonheur est en hypothèse. — L'amaranthe est le symbole de l'immortalité. — La peinture exagérée des malheurs imaginaires de romans rend insensible aux maux réels — L'un des effets immanquables des révolutions est d'amener un plus grand despotisme. — La perte du temps est irréparable. — Toutes les rues de Paris ont maintenant un trottoir. — Les mariages sans l'aveu des parents sont rarement heureux. — L'affranchissement des impôts est un leurre. — Le froid extrême rapetisse toutes les productions organiques. — La rapidité des modes vieillit tout d'une année à l'autre.

MODÈLES

PREMIÈRE ANALYSE.

Analyse logique.

L'humanité est la première des vertus.	Sujet : l'humanité ; attribut : est la première des vertus.
L'hospitalité est en honneur chez tous les peuples de l'Orient.	Sujet : l'hospitalité ; attr. : est en honneur chez tous les peuples de l'Orient.
Les armes des Égyptiens étaient de bronze.	Sujet : les armes des Égyptiens ; attr. : étaient de bronze.

DEUXIÈME ANALYSE.

Analyse des sujets, des attributs et des compléments.

L'humanité est la première des vertus.

L'humanité, sujet simple et incomplexe ;

est la première des vertus, attribut simple et complexe ;

des vertus, complément indirect de *première* ;

vertus, compl. direct. de la prép. *de* combinée dans *des*.

L'hospitalité est en honneur chez tous les peuples de l'Orient.

L'hospitalité, suj. simple et inc. ;

est (mise) en honneur chez les peuples de l'Orient, att. simp., ellipt. et complexe. Le verbe *être* ne saurait avoir ni régime direct. ni régime indirect. Il s'ensuit donc que toutes les fois qu'il est suivi d'une préposition il y a ellipse d'un adjectif ou d'un participe qu'il faut rétablir dans l'analyse ;

en honneur, complé. indir. de *mise*, sous-entendu ;

honneur, compl. ind. de *en* ;

chez tous les peuples de l'Orient, c. ind de *mise*, sous-entendu ;

tous les peuples de l'Orient, c. dir. et complexe de la prép *chez*:

de l'Orient, c. ind. de *peuples* ;

l'Orient, c dir de la prép. *de*.

Les armes des Égyptiens étaient de bronze.

Les armes des Egyptiens, sujet. s. et c. ;

des Egyptiens, c. ind. de *armes* ;

Egyptiens, c. dir. de *de* ;

étaient (faites) de bronze, att. s., ellip et c ;

de bronze, c. ind. de *faites*, s.-ent. ;

bronze, c. direct de la prép. *de*.

TROISIÈME ANALYSE.

Analyse grammaticale.

L'humanité est la première des vertus.

L'humanité, pour la *humanité* ;
la, art. f. s. détermine *humanité* ;
humanité, nom commun. fém. sing. sujet de *est* ;
est, 3e p. du sing. du prés. de l'ind. du verb. subst. et irrégul. *être*, 4e conj. ;
la, art. f. sing., détermine *vertu*, sous-entendu ;
première, adj. n. ord., qualifie *vertu*, sous-entendu ;
des, art. comp. pour *de les*, f. pl., dét. *vertus* ;
vertus, sub. c. f. pl., compl. dir. de la pr. *de*, contenue dans *des*.

L'hospitalité est en bonneur chez tous les peuples de l'Orient.

L'hospitalité (1), subst. c., sujet de *est* ;
est, 3e p. du sing. du prés. de l'ind. du verbe auxil. et irrég. *être*, 4e conj., en relation avec le participe passé *mise*, sous-entendu ;
en, prép ;
honneur, subst. c. m. s., comp. dir. de la prép *en* ;
chez, prép. ;
tous les peuples de l'Orient, comp. d. de la prép. *chez* ;
tous, adj. ind. m. pl. détermine *les peuples* ;
les peuples, subst. c. m. pl., comp. dir. de *chez* ;
de, prép. ;
l'Orient, subst. propre de point cardinal, masc. sing., comp. dir. de *de*.

(1) Désormais nous négligerons l'analyse des articles que l'élève devra faire, mais qui serait pour nous une répétition inutile. Nous ne donnerons aussi que quelques phrases comme modèles d'*analyse grammaticale*.

DES ARTICLES.

(Analyser logiquement et grammaticalement les propositions suivantes.)

De brillantes illuminations ont souvent éclairé les malheurs et l'abaissement d'un peuple. — Des soldats effrénés, des vainqueurs féroces, des barbares saccagent une ville prise d'assaut. — On met des bouffettes aux harnais des chevaux. — Des juges dépendant de l'influence royale doivent être nécessairement accessibles à l'intérêt. — Les mystères des Grecs et des Romains étaient remplis d'allégories. — D'épouvantables naufrages contraignirent les Romains d'abandonner l'empire de la mer aux Carthaginois. — La plupart des peuples d'Afrique ont le poisson en horreur. — Des complices sont toujours de connivence. — De bruyantes cataractes se précipitent du sommet des montagnes. — Le tigre, le singe, le chat sont des animaux très-agiles. — Le kirsch se fait avec des noyaux de cerise. — On a vu des gens feindre une longue maladie pour se rendre intéressants. — De longues calamités publiques corrompent un peuple irréligieux. — Des sources bouillantes jaillissent du sein de la terre. — Les oiseaux nous charment toujours par leur touchant ramage. — De faibles gémissements, de sourds meuglements, de doux roucoulements, remplissent les déserts d'une sombre et sauvage harmonie. — Dans des États de l'Amérique, le parricide est déclaré folie. — Des ingrats tout-puissants sont bientôt oppresseurs. — Des juges partiaux sont au-dessous du bourreau. — De petits hommes sont souvent de grands hommes, et des hommes grands sont souvent des hommes petits. — Des roses fraîche-cueillies sont un bel hommage à faire aux dames. — De nouveaux mariés se croient dans le meilleur des mondes possible. — Des pêches fraîche-cueillies se mangent avec délices. — Des oranges aigre-douces plaisent à beaucoup de personnes. — Des sentiments profonds, une imagination inflammatoire, n'ont jamais été l'étoffe de la médiocrité. — La patrie a toujours des charmes pour nous. — Honneurs, charges, justice, tout se vendait à Ninive. — Vieillards, femmes, enfants, accouraient vers le temple. —

Les arts du premier besoin ne sont pas les plus considérés.
— Les sauvages du Brésil sont à peu près de la taille des Européens. — Les chevaux arabes viennent des chevaux sauvages des déserts de l'Arabie. — Partout la charrue a laissé de creux sillons. — Le destin n'a pas mis des sentiments égaux dans l'âme de l'esclave et celle du héros.

MODÈLES

PREMIÈRE ANALYSE.

Analyse logique.

De brillantes illuminations ont souvent éclairé les malheurs et l'abaissement d'un peuple.	Suj. : De brillantes illuminations Att. : ont souvent éclairé les malheurs et l'abaissement d'un peuple.
Des soldats effrénés, des barbares saccagent une ville prise d'assaut.	Suj. : Des soldats effrénés, des barbares Att. : saccagent une ville prise d'assaut.
On met des bouffettes aux harnais des chevaux.	Suj. On Att. : met des bouffettes aux harnais des chevaux.

DEUXIÈME ANALYSE.

Analyse des sujets, des attributs et des compléments.

De brillantes illuminations ont souvent éclairé les malheurs et l'abaissement d'un peuple.	*De brillantes illuminations,* suj. s., ellipt. et compl. ; *brillantes,* c. qualificatif d'*illuminations;* *ont éclairé souvent les malheurs et l'abaissement d'un peuple,* attr. s. et compl. ; *souvent,* adverbe qui modifie *ont éclairé;* *les malheurs et l'abaissement d'un*

peuple, c. dir. et compl. de *ont éclairé ;*

d'un peuple, c. ind. de *malheurs et abaissement ;*

un peuple, c. dir. de la prép. *de.*

Des soldats effrénés, des barbares saccagent une ville prise d'assaut. | *Des soldats effrénés, des barbares,* suj. comp. ellipt. et compl. ;

effrénés, c. modif. de *soldats;*

saccagent une ville prise d'assaut, at. s. et compl. ;

une ville prise d'assaut, c. dir. et c. de *saccagent;*

prise d'assaut, c. mod. et compl. de *ville;*

d'assaut, c. ind. de *prise;*

assaut, c. dir. de *de.*

On met des bouffettes aux harnais des chevaux. | *On*, suj. s. et inc. ;

met des bouffettes aux harnais des chevaux, att. s. et c. ;

des bouffettes, c. dir. et ellip. de *met;*

bouffettes, c. dir. de la prép. *de,* contenue dans *des;*

aux harnais des chevaux, c. ind. et compl. de *met;*

harnais, etc., c. dir. de la prép. *à* contenue dans *aux;*

des chevaux, c. ind. de *harnais;*

chevaux, c. dir. de la prép. *de* combinée dans *des.*

TROISIÈME ANALYSE.

Analyse grammaticale.

De brillantes illuminations ont souvent éclairé les malheurs et l'abaissement d'un peuple. | *De,* prép ;

brillantes, adj. qual. f. pl., qualifie *illuminations;*

illuminations, subst. c. f. pl., c. dir. de la prép. *de;* et suj. ellipt. du v. *ont éclairé;*

ont *éclairé*, 3e pers. du pl. du
passé indéfini du verbe actif
éclairer; 1re conj.;
souvent, adv. de t. mod. *ont éclairé*;
les malheurs, subst. com. m. pl.,
c. dir. du verbe *éclairé*;
et, conj.
l'abaissement, subst. com. m. s., c.
dir. de *ont éclairé*;
d'un pour *de un*;
de, prép.;
un, adj. num. card. m. s. déterm.
peuple;
peuple, s. com. m. s., compl. de la
prép. *de*.

ADJECTIF QUALIFICATIF.

*(Faire l'analyse logique et l'analyse grammaticale
des phrases suivantes.)*

La grande naissance est un présent de la fortune. — De la
félicité l'apparence est trompeuse. — La malédiction suit les
enfants rebelles. — La vengeance facile est honteuse et blâ-
mable. — Auguste gouverna Rome avec un tempérament,
une douceur soutenue. — Les grands emplois et les grandes
dignités sont bien nommés de grandes charges. — Néron ne
pouvait souffrir Octavie, princesse d'une bonté et d'une vertu
exemplaires. — L'ordre et l'utilité publique ne peuvent
être le fruit du crime. — Dans la Laponie, la ronce, le ge-
nièvre et la mousse font seuls la verdure de l'été. — L'orgueil aveugle se suppose une grandeur et un mérite démesurés. — Les habitants du détroit de Davis mangent leur poisson et leur viande crus. — Philippe montra partout un courage et une prudence supérieurs à son âge. — La frugalité
est une source de délices merveilleuse pour la santé. — Nous
sommes obligés de marcher l'hiver nu-pieds. — Les murailles
de Babylone avaient douze toises et demie d'épaisseur. —
L'ouverture d'un volcan a souvent plus d'une demi-lieue. —
Diogène marchait nu-pieds et couchait dans un tonneau. —
Les maisons proches de la rivière sont sujettes aux inonda-

tions. — Je n'ai guère vu de vrais amis, passé trente ans. —
Les couleurs du grand casque sont aurore.—Les jeunes guer-
riers, demi-nus et armés de raquettes, se pressaient pêle-
mêle sur les pas de leurs pères. — Cette proposition n'a pas
l'air sérieuse. — Les oreilles du rhinocéros se tiennent toujours droites. — De ma vie je n'ai entendu des voix de femme monter si haut. — L'armée, investie de tous côtés, mit
les armes bas. — Les grands hommes souvent furent de
grands fléaux. — Les biens de ce monde ne sont pas compa-
rables à ceux de l'éternité. — Aman trouva la puissance et la
religion des Juifs dangereuses à l'empire.—La religion est nécessaire et naturelle à l'homme. — La conservation des créatures est une création continue. — L'esprit philosophique a
paru devenir l'esprit général des nations de l'Europe.—Certaines gens, démocrates à la cour, redeviennent aristocrates à la
ville.—Le peuple est fatigué du pouvoir despotique.—Le scor-
pion est venimeux. — La plume est souvent une flèche véné-
neuse.—En matière de religion peu d'hommes sont conséquents.
—Les plus sublimes esprits ont eux-mêmes des endroits faibles.
— Le salut du peuple est la suprême loi. — Henri IV dans sa jeunesse allait toujours nu-tête.—Un Grec s'habille à la grecque,
un Turc s'habille à la turque.—Les plaisirs coûtent cher.—
Ce livre coûte six francs net. — Buvons chaud en hiver et
frais en été. — Expliquons-nous franc et net. — Vos comparaisons doivent être les plus courtes possible.—Nous avons
belle de draper les gens en leur absence. — On se mit à rire
de plus belle. — La tour de Babel avait été élevée fort haut.
— Tâchons de raisonner toujours juste. — Les verres frottés
de persil se cassent net. — Les navigateurs s'attendent à être
assaillis de toutes les calamités possibles. — Les huîtres ont
l'air fraîches. — La soupe a l'air bonne. — Tous les biens
sont périssables, excepté les grands talents et les vertus. —
Des pêches fraîches-cueillies se mangent avec délices. — Des
oranges aigre-douces plaisent à beaucoup de personnes. —
Bourrelés de remords, des coupables ont imaginé l'athéisme.
— Une fois morts, notre bien passe à nos enfants. — Des
roses fraîche-cueillies sont un bel hommage à faire aux dames. — Les gendarmes portent des gants soufre. — Unie à
la douceur, la fermeté est une barre de fer entourée de velours.

MODÈLES

PREMIÈRE ANALYSE.

Analyse logique.

La grande naissance est un présent de la fortune.	Sujet : la grande naissance attr. : est un présent de la fortune.
De la félicité l'apparence est trompeuse.	Sujet : l'apparence de la félicité ; attr. : est trompeuse.
La malédiction suit les enfants rebelles.	Sujet : la malédiction ; attr. : suit les enfants rebelles.
La vengeance facile est honteuse et blâmable.	Sujet : la vengeance facile; att. : est honteuse et blamable.
Auguste gouverna Rome avec un tempérament, une douceur soutenue.	Sujet : Auguste ; att. : gouverna Rome avec un tempérament, une douceur soutenue.

DEUXIÈME ANALYSE.

Analyse des sujets, des attributs et des compléments.

La grande naissance est un présent de la fortune.	*La grande naissance,* suj. s. et c.; *grande,* comp. mod. de *naissance; est un présent de la fortune,* at. s. et c. ; *de la fortune,* c. ind. de *présent.
De la félicité l'apparence est trompeuse.	*L'apparence de la félicité,* sujet s. et compl. ; *de la félicité,* c. ind. de *l'apparence; félicité,* c. dir. de la pré. *de; est trompeuse,* attr. s. et incompl.; *trompeuse,* c. qualif. de *l'apparence de la félicité.*

La malédiction suit les enfants rebelles.	*La malédiction*, s. simp. et inc.; *suit les enfants rebelles*, attr. s. et compl.; *les enfants rebelles*, compl. dir. et compl. de *suit*; *rebelles*, compl. qualif. de *enfants*.
La vengeance facile est honteuse et blâmable.	*La vengeance facile*, suj. s. et c.; *facile*, c. qualif. de *vengeance*; *est honteuse et blâmable*, att. composé et incompl.; *honteuse et blâmable*, compl. qualif. de *vengeance*.

TROISIÈME ANALYSE.

Analyse grammaticale.

La grande naissance est un présent de la fortune.	*La*, art. s. f. s. dét. *grande naissance*; *grande*, adj. qual. f. s., qualifie *naissance*; *naissance*, s. com. f. s., suj. de *est*; *est*, 3ᵉ pers. du s. du pr. de l'ind. du v. subst. et ir. *être*, 4ᵉ conj.. *un*, adj. num. card. m. s., dét; *présent*; *présent*, subst c. masc. s., employé adjectivem.; *de*, p.; *la fortune*, s. c. f. s., comp. dir. de la prép. *de*.
De la félicité l'apparence est trompeuse.	*De*, prép.; *la félicité*, sub. c. f. s., c. dir. de la prép. *de*; *l'apparence*, subst. c. f. s. suj. de *est*; *est*, 3ᵉ pers. du s. du pr. de l'ind. du v. subst et irrég. *être*, 4ᵉ c.. *trompeuse*, adj. qual. f. s, qualifie *l'apparence*.

ADJECTIFS MINÉRAUX.

*(Faire l'analyse logique et l'analyse grammaticale
des phrases suivantes.)*

Vingt-quatre livres de pain blanc valaient un denier d'argent par les Capitulaires. — Le monarque se fortifia sous les murs de Dieppe, résolu d'y soutenir le premier effort de l'ennemi. — La traduction des Septante est estimée. — André Doria vécut, jusqu'à quatre-vingt-quatorze ans, l'homme le plus considéré de l'Europe. — L'Allemagne était, dès l'an quinze cent, divisée en dix cercles. — Vers l'an douze cents de notre ère, Alexis fit crever les yeux à son frère Isaac l'Ange, et s'empara du trône de Constantinople.—La mort termine ordinairement avant l'âge de quatre-vingt-dix ou cents ans la vieillesse et la vie. — Le soleil est un million trois cent quatre-vingt-quatre mille quatre cent soixante-deux fois plus gros que la terre, — Godefroi de Bouillon menait soixante et dix mille hommes de pied et dix mille cavaliers couverts d'une armure complète. — Tel, avec deux millions de rente, peut être pauvre chaque année de cinq cent mille livres. — Les premiers biens, la religion et la liberté, coûtent au genre humain des milliards de victimes. — Henri IV avait été solennellement excommunié par le pape Sixte-Quint. — François de Guise est fameux par la défense de Metz contre Charles-Quint. — L'ouverture des États-Généraux eut lieu le cinq mai 1789. — Magellan vit le premier, en 1520, la terre antarctique à cinquante et un degrés vers le pôle austral. — Platon admit sans difficulté un bon et un mauvais génie pour chaque mortel. — La mort du sage est une grande et consolante leçon. — Le caractère général de l'homme est un amour-propre bon ou mauvais. — Piron appelait les gazons du Louvre le pré des Quarante. — La mortification est un essai, un apprentissage de la mort.—La foi est un don et une illumination de l'Esprit-Saint. — La Grèce et l'Asie-Mineure étaient remplies de la mémoire de ce fameux siège de Troie, une des premières époques des temps fabuleux.—Arnaud de Brescia, un de ces hommes à enthousiasme, prêchait de ville en ville contre les richesses immenses des ecclésiastiques. — Une bonne ou une mauvaise conversation nous forme ou nous gâte. — Affranchir les peuples de Pologne est une grande et belle opération, mais hardie et périlleuse.

MODÈLES

PREMIÈRE ANALYSE.

Analyse logique.

Vingt-quatre livres de pain blanc valaient un denier d'argent par les Capitulaires.	Sujet : vingt-quatre livres de pain blanc; attr. : valaient un denier d'argent par les Capitulaires.
Le monarque se fortifia sous les murs de Dieppe, résolu d'y soutenir le premier effort de l'ennemi.	Sujet : le monarque; attr. : fortifia soi sous les murs de Dieppe;
	Sujet : (lui); attr. : (étant) résolu d'y soutenir le premier effort de l'ennemi.
	L'analyse fait voir que se étant pour soi est régime direct du verbe.
La traduction des Septante est estimée.	Sujet : la traduction des Septante; attr. : est estimée.
André Doria vécut, jusqu'à quatre-vingt-quatorze ans, l'homme le plus considéré de l'Europe.	Sujet : André Doria; attr. : vécut, jusqu'à quatre-vingt-quatorze ans, l'homme le plus considéré de l'Europe.

DEUXIÈME ANALYSE.

Analyse des sujets, des attributs et des compléments.

Vingt-quatre livres de pain blanc valaient un denier d'argent par les Capitulaires.	*Vingt-quatre livres de pain blanc,* s. simpl. et c.;
	de pain blanc, c. ind. et comp. de *livres;*
	pain blanc, c. dir. de la prép. *de;*

blanc, c. mod. de *pain;*

valaient un denier d'argent par les Capitulaires, attr. s. et c. ;

un denier d'argent, c. dir. et c. de *valaient ;*

d'argent, c. ind. de *denier;*

argent, c. dir. de la prép. *de;*

par les Capitulaires, c. ind. de *valaient ;*

les Capitulaires, c. dir. de la prép. *par.*

Le monarque se fortifia sous les murs de Dieppe, résolu d'y soutenir le premier effort de l'ennemi.

Le monarque, suj. s. et inc. ;

fortifia soi sous les murs de Dieppe, att. s. et c.;

soi pour *se,* c. dir. de *fortifia;*

sous les murs de Dieppe, c. ind. circonst. et compl. de *se fortifia.* La question *où* indique toujours un compl. circonstanciel.

de Dieppe, c. ind. de *murs;*

Dieppe, c. dir. de la prép. *de;*

(lui), suj. s. sous-ent. ;

(étant) résolu d'y soutenir le premier effort de l'ennemi, attr. s. et c.

La traduction des Septante est estimée.

La traduction des Septante, suj. s. et compl. :

des Septante, c. ind. de *traduction;*

Septante, c. dir. de la prép. *de,* contenue dans *des;*

est estimée, attr. s. et inc.;

estimée, c. mod. de *traduction.*

André Doria vécut, jusqu'à quatre vingt-quatorze ans, l'homme le plus considéré de l'Europe.

André Doria, suj. s. et inc. ;

vécut jusqu'à quatre-vingt-quatorze *ans l'homme le plus considéré de l'Europe,* attr. s. et c. :

jusqu'à quatre-vingt-quatorze *ans,* c. ind. et circonst. de *vécut;*

l'homme le plus considéré de l'Europe, c. qual. et compl. de *vécut.* Faites attention que nous disons complément qualificatif et non complément direct, puisque *vivre* est un verbe neutre qui, par conséquent, ne peut avoir de régime direct. Le complément est donc seulement qualificatif.

TROISIÈME ANALYSE.

Analyse grammaticale.

Vingt-quatre livres de pain banc valaient un denier d'argent par les Capitulaires.

Vingt-quatre, adj. num. card., dét. *livres; livres*, subst. c. f. pl., suj. de *valaient; de*, prép. ; *pain*, sub. c. m. sing., compl. dir. de la prép. *de; valaient*, 3e pers. du pl. de l'imp. de l'ind. du v. a. et irr. *valoir*, 3e conj. ; *un*, adj. num. card. masc. sing., dét. *denier; denier*, sub. com. masc. s. comp. dir. de *valaient; d'argent* pour *de argent; de* prép. : *argent* sub. c. m. s., c. dir. de la prép. *de; par* prép. : *les* art. s. m. pl., dét. *Capitulaires; Capitulaires*, s. com. m. pl., comp. dir. de la prép. *par.*

Le monarque se fortifia sous les murs de Dieppe, résolu d'y soutenir le premier effort de l'ennemi.

Le monarque, sub. c. m. s., suj. de *se fortifia; se fortifia*, 3e pers. du passé défini du v. réfléchi dir. et régulier *se fortifier*, 1re conj. ; *sous*, prép. ; *les murs*, sub. c. m. pl., c. dir. de la prép. *sous; de*, prép. ; *Dieppe*, nom propre de ville, f. s., compl. dir. de la prép. *de; résolu*, participe passé m. s. du v. n. et irrég. *résoudre*, 4e c.; *de*, prép.; *y*, adv. de lieu ; *soutenir*, inf. prés. du v. actif et irrég. *soutenir*, 2e conj., c. dir., de la prép. *de* ; le, art. simp. m. s., dét. *premier effort; premier*, adj. n. ord., qual. *effort; de* prép. ; *l'ennemi*, subst. c. mas. sing., c. dir. de la prép. *de.*

ADJECTIFS POSSESSIFS.

*(Faire l'analyse logique et l'analyse grammaticale
des phrases suivantes.)*

Souvent nos malheurs et nos torts sont la faute de nos mentors. — Les Indiens et les Juifs, si attachés à leurs castes ou tribus, ont méprisé les autres peuples au point de ne jamais s'allier avec eux par des mariages. — Chacun sera jugé selon ses bonnes ou ses mauvaises œuvres. — Les hommes ont toujours leur intérêt pour base. — Le cyclope, assis sur un rocher au bord des mers de Sicile. chante ses déplaisirs en promenant ses yeux sur les flots. — La condition naturelle à l'homme est de cultiver la terre et de vivre de ses fruits. — Les avantages acquis par le mérite des aïeux se perpétuent par le mérite de leurs descendants. — Notre bonne ou notre mauvaise fortune dépend de notre bonne ou de notre mauvaise conduite. — Toutes les vertus trouvent sans cesse en elles-mêmes leurs délices et leur bonheur. — On avertit charitablement les autres de leurs torts, de leurs défauts, pour le plaisir secret de les humilier. — Le comble du crime est de vouloir en ôter les remords. — La science militaire calcule les masses, leur vitesse, leurs chocs et leur résistance. — Le sage a la bouche dans le cœur. — Les rois de France ont l'heureuse impuissance de ne pouvoir rien faire contre les lois de leur pays. — Tout éloge d'autrui nous blesse les oreilles. — Tout peuple a ses usages, ses mœurs, son génie et ses lois. — Notre honneur, notre vie, notre repos, nos biens sont à la merci du hasard. — Les étrangers trouvent notre langue difficile auprès de la leur. — Lisez constamment les écrivains pour vous perfectionner le goût — Certaines gens auraient volontiers éteint le soleil pour vendre plus cher leurs luminaires. — L'habitude est notre plus sûre et notre plus commode maîtresse pour nous rendre tout facile. — Notre bonnne et notre mauvaise fortune mélangées nous donnent de la douceur. — Beaucoup de gens doivent la régularité de leur conduite à la dureté de leurs mœurs.

MODÈLES

PREMIÈRE ANALYSE.

Analyse logique.

Souvent nos malheurs et nos torts sont la faute de nos mentors.	Sujet : nos malheurs et nos torts; attr. : sont souvent la faute de nos mentors.
Les Indiens et les Juifs, si attachés à leurs castes ou tribus, ont méprisé les autres peuples au point de ne jamais s'allier avec eux par des mariages.	Sujet : les Indiens et les Juifs, si attachés à leurs castes ou tribus; attr. : ont méprisé les autres peuples au point de ne jamais s'allier avec eux par des mariages.
Chacun sera jugé selon ses bonnes ou ses mauvaises œuvres.	Sujet: chacun; attr.: sera jugé selon ses bonnes ou ses mauvaises œuvres.

DEUXIÈME ANALYSE.

Analyse des sujets, des attributs et des compléments.

Souvent nos malheurs et nos torts sont la faute de nos mentors.	*Nos malheurs et nos torts,* suj. c. et inc.; *sont souvent les fautes de nos mentors,* attr. s. et c.; *souvent,* compl. mod. de *sont ;* *de nos mentors,* comp. ind. de *faute ;* *nos mentors,* c. dir. de la prép. *de.*
Les Indiens et les Juifs, si attachés à leurs castes ou tribus, ont méprisé les autres peuples au point de ne jamais s'allier avec eux par des mariages.	*Les Indiens et les Juifs, si attachés à leurs castes ou tribus,* suj. c. et compl. ; *si attachés à leurs castes ou tribus,* c. mod , access. et complexe de *Indiens* et *Juifs ;* *à leurs castes ou tribus,* c. ind. de *attachés ;* *leurs castes ou tribus,* compl. dir. et compose de la prép. *à ;* *ont méprisé les autres peuples au point de ne jamais s'allier avec eux par des mariages,* attr. simp. et compl.

au point, etc.; compl. ind. et circ. de *méprisé ;*

point, compl. dir. de la prép. *à,* contenue dans *au ;*

de ne jamais s'allier, etc., c. ind. et compl. de *point ;*

ne jamais s'allier, etc. c. d. et c. de la pr. *de ;*

jamais. compl. modif. et inverse de *s'allier ;*

se pour *soi,* compl. dir. de *allier ;*

avec eux, c. ind. de *s'allier ;*

eux, c. dir. de la prép. *avec ;*

par des mariages, compl. ind. et circ. de *s'allier ;*

des mariages, compl. dir. et partit. de la prép. *par.*

TROISIÈME ANALYSE.

Analyse grammaticale.

Souvent nos malheurs et nos torts sont la faute de nos mentors.

Souvent, adv. de temps qui modifie *sont ; nos,* adj. posses. m. pl., déter. *malheurs ; malheurs,* subst. com. m. pl., suj. part. de *sont ; et,* conj.; *nos,* adj. poss. m. pl. dét. *torts ; torts,* subst. com. m. pl., suj. part. de *sont ; la,* art. simp. fém. s., dét. *faute ; faute,* subst. com. f. sing., comp. qualif. de *malheurs* et *torts ; de* prép.; *nos* adj. poss. m. pl., dét. *mentors ; mentors,* nom propre d'homme m. p., employé comme nom com. et compl. dir. de la prép. *de.*

ADJECTIFS DÉMONSTRATIFS.

(Faire l'analyse logique et l'analyse grammaticale des phrases suivantes.)

Ces questions et ces propositions sont la plupart extraites du traité du *Contrat social.* — Il y a toujours eu du mouvement et de l'intelligence dans le monde ; ce mouvement et cette intelligence se sont distribués de tout temps suivant les lois de la nature. — Mahomet, ce grand et faux prophète, a instruit une colombe à voler auprès de son oreille. — Cette immense et tumultueuse république avait pour chefs le pape et l'empereur. — Les matelots ajoutent à ces bonnes et à ces mauvaises qualités les vices de leur éducation. — Les gouvernants ne devraient pas oublier cette grande et sainte maxime : Les rois doivent aux peuples. — Cette première et cette meilleure éducation possible est la religion. — Tous les devoirs de l'homme social envers ses concitoyens sont fondés sur ce fait et ce principe de l'égalité naturelle. — Cette première et cette plus grande ignorance est de nous ignorer. — La curiosité folliculaire se repaît du récit de ces désastres et de ces calamités du globe. — Toutes ces révolutions et toutes ces réactions sont formées des abus et des excès. — De tous ces récits, de toutes ces peintures, de toutes ces critiques, de tous ces éloges, ôtez la part de l'exagération. — Avec cet ordre et cette économie dans les finances on vient à bout de tout. — Ces éphores ou magistrats rendaient la justice à Athènes. — Ces tribuns ou magistrats du peuple étaient les gardiens des lois et du pouvoir législatif. — Cette résignation, cette patience, cette sobriété, sont d'habiles médecins. — Ces palatinats, ces castellanies, ces starosties étaient à la nomination du roi. — Ces heures, ces jours, ces semaines, ces mois, ces années, coulent comme les minutes et les secondes.

MODÉLES

PREMIÈRE ANALYSE.

Analyse logique.

Ces questions et ces propositions sont la plupart extraites du traité du *Contrat social*.

Sujet : ces questions et ces propositions ; attr. : sont la plupart extraites du traité du *Contrat social*.

Il y a toujours eu du mouvement et de l'intelligence dans le monde ; ce mouvement et cette intelligence se sont

Sujet : il (l'univers) ; att. ; a eu toujours *(en soi)* du mouvement et de l'intelligence dans le monde.

distribués de tout temps suivant les lois de la nature.

Sujet : ce mouvement et cette intelligence ; attr. : *ont distribué (soi)* de tout temps suivant les lois de la nature.

DEUXIÈME ANALYSE.

Analyse des sujets, des attributs et des compléments.

Ces questions et ces propositions sont la plupart extraites du traité du *Contrat social.*

Ces questions et ces propositions, suj. comp et incompl. ;

sont (pour) la plupart extraites du traité du Contrat social, attr. s. et compl. ;

la plupart, c. dir. de la prép. *pour,* sous-entendue ;

extraites, c. mod. de *questions* et *propositions;*

du traité, etc., c. ind. et compl. de *extraites;*

traité, c. dir. de la prép. *de* contenue dans *du;*

du Contrat social, c. ind. et compl. de *traité ;*

Contrat social, c. dir. et compl. de la prép. *de* contenue dans *du;*

social, c. mod. de *Contrat.*

Il y a toujours eu du mouvement et de l'intelligence dans le monde ; ce mouvement et cette intelligence se sont distribués de tout temps suivant les lois de la nature.

Il (le monde, l'univers, le globe), suj. s. et incompl. ;

a toujours eu (en soi) du mouvement et de l'intelligence, attr. s. et c. ;

toujours, c. ad. et mod. de *il y a eu;*

en soi, pour *y,* c. indir. de *eu;*

du mouvement et de l'intelligence, c. partitif et composé de *eu;*

mouvement, intelligence, c. dir. des prép. *de;*

On a dit et l'on répète tous les jours que notre pronom *il,* impersonnel, donne lieu à des gallicismes qui sont inexplicables. Nous répondons qu'il n'y a rien d'inexplicable dans les langues où tout est le fruit de la raison. Nous avons déjà dit que *il pleut, il neige, il tonne,* c'est pour *le ciel pleut, le ciel neige, le ciel tonne. Il y a,* ne nous paraît pas plus difficile à analyser : *Il y a des*

hommes ignorants doit s'analyser ainsi : (*Le monde*) a (*en soi*) des *hommes igno-*
rants. L'analyse est on est ne peut plus claire ; et l'on voit que *il*, dans l'expression *il y a*, représente *l'univers*, *le monde*, ou tout autre mot équivalent.

> *ce mouvement et cette intelligence,*
>   suj. comp. et incompl. ;
> *ont distribué (soi) de tout temps*
>   *suivant les lois de la nature,* att.
>   s. et compl. ;
> *soi* pour *se*, compl. dir. de *distri-*
>   *bué.* Remarquez que le participe
>   s'accorde quand le pronom pré-
>   cède ; qu'il est invariable si le
>   pronom est après.
> *de tout temps,* compl. adv. et cir-
>   constanciel de *distribué.* A la
>   question *quand?* le complément
>   est circonstanciel.
> *tout temps,* c. dir. de la prép. *de;*
> *suivant les lois de la nature,* c. ind.
>   et circonstanciel de *distribué.* A
>   la question *comment?* le compl.
>   est également circonstanciel.
> *les lois de la nature,* c. d. et compl.
>   de la prép. *suivant;*
> *de la nature,* c. indir. de *lois;*
> *la nature,* c. dir. de la prép. *de.*

TROISIÈME ANALYSE.

Analyse grammaticale

Ces questions et ces propositions sont la plupart extraites du *Contrat social.*

Ces adj. dém. f. pl. dét. *questions;*
questions, s. c. f. pl., suj partiel
de *sont;* *et,* conj. ; *ces,* adj. dém.
f. pl., dét. *propositions; propo-*
sitions, s. c. f. pl., suj. partiel
de *sont; sont,* 3e pers. du pl. du
prés. de l'ind. du v. auxiliaire
et irrég. *être,* 4e conj.; *la,* a. s.
f. sing., déter. *plupart; plupart,*
subst. collectif f. sing., compl.
dir. de la prép *pour,* sous-ent. ;
extraites, part. passé du verbe
actif. irrég. et défectif *extraire,*

4ᵉ conj., au f. pl., en accord avec *questions* et *propositions* ; *du*, a. composé m. sing., déter. *traité* ; *traité*, sub. c. m. sing., compl. dir. de la pr. *de*, contenue dans *du* ; *du*, art. comp. m. sing. d. *Contrat social* : *Contrat*, subst. com. m. sing., compl. dir. de la prép. *de*, contenue dans *du* ; *social*, adj. qual. m. s., qualifie *Contrat*.

ADJECTIFS INDÉFINIS.

(Faire l'analyse logique et l'analyse grammaticale des phrases suivantes.)

Le temps nous trompe tous. — La loi est la reine de tous les mortels et immortels. — Dans la solitude éternelle toutes nos attaches sont rompues. — La coquetterie détruit et étouffe toutes les vertus. — Toute la doctrine des mœurs tend uniquement à nous rendre heureux. — Presque toutes les opinions des hommes sont des passions. — Tout rang, tout sens, tout âge, doit aspirer au bonheur. — Les premiers chrétiens étaient tous égaux et obscurs. — Vénus paraît toute hérissée de montagnes. — En temps de pluie et de dégel, les maisons, les pierres, les vitres deviennent tout humides. — Le diable est tout yeux et tout oreilles. — Aux aventures des croisades succèdent des aventures d'outre-mer d'une tout autre importance. — Tout Rome est consterné. — Toute l'Italie avait les yeux sur les Romains et les Volsques. — La prospérité d'une terre dépend, entre autres choses, de celle de ses habitants. — Les sots sont un peuple nombreux, trouvant toutes choses faciles. — La confession de ses fautes a été autorisée de tout temps chez presque toutes les nations. — Chaque pays, chaque degré de température a ses plantes particulières. — Chaque nation, chaque cour, chaque prince a besoin de se choisir un patron pour l'admirer ou pour l'imiter. — Il y avait dans Ancyre sept vierges chrétiennes d'environ soixante-douze ans chacune. — En 1825, l'Angleterre a tiré de l'Indoustan 59,350 balles de coton de 340 livres chacune. — Nul bien sans mal, nul plaisir sans alarmes. — Telle fut la reine dans tout le cours de sa vie. — Tel brille au second rang qui s'éclipse au premier. — Tel vous semble applaudir qui vous raille et vous joue. — Quels que soient les humains, il faut vivre avec eux. — L'étude de l'histoire est la plus nécessaire aux hommes, quels que soient leur âge et la carrière à laquelle ils se destinent. — Nous laissons, en mourant, le monde tel qu'il est. — Des enfants, quels qu'ils soient, doivent toujours respecter un homme. — Une jeune fille, quelque innocente qu'elle soit, a toujours un grain de coquetterie. — Quelques crimes précèdent toujours les grands crimes. — Esope naquit vers la cinquante-septième olympiade, quelque deux cents ans après la fondation de Rome. — Un trône, quel qu'il soit, n'est pas à dédaigner. — Quelque heureusement nés que nous soyons, nous ne devons pas en tirer vanité. — Il est fâcheux que les hommes, quelques talents qu'ils aient, ne puissent produire quelque chose de bon tout d'un coup. — Les lois absurdes s'abolissent d'elles-mêmes.

MODÈLES

PREMIÈRE ANALYSE.

Analyse logique.

Le temps nous trompe tous.	Sujet : le temps; attr. : trompe nous tous.
La loi est la reine de tous les mortels et immortels.	Sujet : la loi; attr. : est la reine de tous les mortels et immortels
Dans la solitude éternelle toutes nos attaches sont rompues.	Sujet : toutes nos attaches; attr. : sont rompues dans la solitude éternelle.
La coquetterie détruit et étouffe toutes les vertus.	Sujet : la coquetterie: att. : détruit et étouffe toutes les vertus.

DEUXIÈME ANALYSE.

Analyse des sujets, des attributs et des compléments.

Le temps nous trompe tous.	*Le temps,* suj. s. et inc. : *trompe nous tous,* attr. s. et c. ; *tous,* compl. mod. de *nous,* compl. dir. de *trompe.*

La loi est la reine de tous les mortels et immortels.	*La loi,* suj. s. et inc. ; *est la reine de tous les mortels et immortels,* attr. s. et c. ; *de tous les mortels et immortels,* c. indir. de *loi* ; *tous les mortels et immortels,* c. d. de la prép. *de.*
Dans la solitude éternelle toutes nos attaches sont rompues.	*Toutes nos attaches,* suj. s. et inc. ; *sont rompues,* etc., attr. s. et c. ; *rompues,* c. mod. de *attaches* ; *dans la solitude éternelle,* c. ind., compl. et circonst. de *rompues.* Nous disons *circonstanciel,* parce qu'il répond à la question *où?* *la solitude éternelle,* c. d de *dans* ; *éternelle,* c mod. de *solitude.*
La coquetterie détruit et étouffe toutes les vertus.	*La coquetterie,* s. simp. et inc. ; *détruit et étouffe toutes les vertus,* attr. composé et compl. ; *toutes les vertus,* c. dir. de *détruit et étouffe.*

TROISIÈME ANALYSE.

Analyse grammaticale.

| Le temps nous trompe tous. | *Le,* art. s. m. s., d. *temps; temps,* sub. com. m. s., suj. de *trompe; nous,* pron. pers. de la 1re pers. masc. pl., rég. dir. de *trompe; trompe,* 3e pers. du sing. du présent de l'ind. du v. actif. et rég. *tromper,* 1re conj. ; *tous,* adj. ind. masc. pl. dét. *nous.* |

PRONOMS PERSONNELS.

(Faire l'analyse logique et l'analyse grammaticale des phrases suivantes.)

Aimè-je les plantes? j'en cueille sur les grèves.—A peine ai-je goûté l'aurore de la vie? — En vain nous cherchons de

longs jours — Mettez les questions à la portée de votre
élève, et laissez-les-lui résoudre. — Je vous le dis sérieusement, comptez sur vous ou me chassez. — Il ne faut jamais
se moquer des misérables — Les inclinations ne sauraient se
contraindre. — J'ai trompé les mortels et ne puis me tromper. — Il faut se résoudre à payer toute sa vie quelque tribut
à la calomnie. — Mariez-vous, madame, et faites-nous partir.
— Vous n'êtes pas méchant, et vous ne pouvez l'être. —
Je sais quel est mon crime, et je connais mon père. — L'esprit s'use comme toutes choses : les sciences sont son aliment ;
elles le nourrissent et le consument. — Justes, ne craignez pas le vain pouvoir des hommes. — Vous et les miens
avez mérité pis. — Albert et moi sommes tombés d'accord.
— Après avoir fait nos adieux, Céphas et moi nous nous
embarquâmes à Canope sur un vaisseau phénicien. —Hazaël,
me regardant avec un visage doux et humain, me tendit la
main et me releva. — Hypéride a imité Démosthène en tout
ce que celui-ci a de beau. — Je naquis sujette et je le suis
encore. — Le bœuf remplit ses premiers estomacs tout
autant qu'ils peuvent l'être. — Je suis en bonne santé, je le
dois à l'exercice et à la tempérance. — Le ridicule se montre
à le chercher en toutes choses. Les fourbes croient aisément
que les autres le sont. —Sont-ce là vos gants? Oui, ce les sont.
— Est-ce là le seigneur Trufaldin? Oui, c'est lui-même. —
Le frère d'Amélie, revenant à lui et rougissant de son trouble,
pria son père de lui pardonner. — Chacun ne songe plus
qu'à soi. — L'Anglais porte partout sa patrie avec lui. —
Quiconque rapporte tout à soi n'a pas beaucoup d'amis. —
Toute tromperie porte avec elle sa punition. — La sagesse
après soi laisse un long souvenir. — La libéralité précitée
mène toujours le repentir après elle.

MODÈLES

PREMIÈRE ANALYSE.

Analyse logique.

Aimé-je les plantes? j'en cueille sur les grèves.	Sujet : je; attribut : fais la question suivante : Sujet : je; attr. : aime les plantes.

Le signe interrogatif doit toujours, dans l'analyse logique, être résolu par une proposition.

> | Sujet : je ; attr. : cueille (d'elles) sur les grèves.

En étant des deux genres et des deux nombres, est toujours régime indirect et pour *de lui d'elle, d'eux, d'elles* ; par conséquent, dans l'analyse logique, il doit venir après le verbe. *En* se met avant le verbe ; *de lui, d'elle, d'eux, d elles* se mettent après.

A peine ai-je goûté l'aurore de la vie.	Sujet : je ; attr. : ai goûté à peine l'aurore de la vie.
En vain nous cherchons de longs jours.	Sujet : nous ; attr. : cherchons en vain de longs jours.
Mettez les questions à la portée de votre élève, et laissez-les-lui résoudre.	Sujet : (vous) ; att. : mettez les questions à la portée de votre élève.

Et, proposition implicite qui s'analyse ainsi : sujet : *je* ; attr. ; *ajoute le fait suivant.*

	Sujet : vous ; attr. laissez-les-lui résoudre.
Je vous le dis sérieusement, comptez sur vous ou me chassez.	Sujet : je ; attr. : dis cela à vous sérieusement.

Le, régime direct, se met avant le verbe ; mais, dans l'analyse logique, la place des régimes directs est après les verbes. Par conséquent, *le* est pour *cela*, comme le démontre l'analyse.

DEUXIÈME ANALYSE.

Analyse des sujets, des attributs et des compléments.

Aimé-je les plantes ? j'en cueille sur les grèves.	*(Je)* suj. s. et inc. ;
	(fais cette question), attr. s. et c. ;
	cette question, c. dir de *fais* ;
	Quand une proposition est interrogative, on ne peut l'analyser logiquement qu'en faisant du signe interrogatif une autre proposition.
	je, suj. s. et inc. ;
	aime les plantes, attr. s. et c. ;
	les plantes, compl. dir. de *aime* ;
	je, suj. s. et inc. ;

cueille (d'elles) sur les grèves attr.
s. et compl. ;

en pour *d'elles,* c. ind. de *cueille;*

sur les grèves, compl. ind. et circ.
de *cueille.* Nous disons *circonstanciel,* le complément répondant
à la question : *Où?*

les grèves, compl. d. de la p. *sur.*

A peine ai-je goûté
l'aurore de la vie. — *Je,* suj. s. et inc. ;

ai goûté à peine l'aurore de la vie,
attr. s. et compl.;

à peine, compl. adv. de *goûté ;*

l'aurore de la vie, compl. dir. et c.
de *goûté;*

de la vie, compl. ind. de *aurore;* -

la vie, compl. dir. de la prép. *de;*

En vain nous cher-
chons de longs jours. — *Nous,* suj. s. et inc.;

cherchons de longs jours, attr. s. et
compl.;

de longs jours, c. dir., partitif et c.
de *cherchons ;*

longs jours, c. dir. de *de ;*

longs, c. modif de *jours.*

TROISIÈME ANALYSE.

Analyse grammaticale.

Aimé-je les plantes?
j'en cueille sur les grè-
ves. — *Aimé-je* pour *je aime ; je,* pr. p.
de la 1re pers. m. ou f. s., suj.
du v. *aime; aime,* 1re per. du s.
du prés. de l'ind. du v. act. et
régulier *aimer,* 1re conj.; *les* a.
s. f. pl., dét. *plantes; plantes,* s.
c. f. pl., rég. d. de *aimé-je; j'en*
pour *je en; je,* pr. per. de la 1re p.
du s., suj. du v. *cueille; en,* pr.
per. de la 3e per., f. pl., rég.
indir. de *cucille; cueille,* 1re p.
du s. du pré. de l'ind. du v. act.
et irrég. *cueillir,* 2e conj. ; *sur,*
prép.; *les,* art. s. f. pl.; déter.
grèves; grèves, subst. c. f. pl.,
compl. dir de la prép. *sur.*

PRONOMS DÉMONSTRATIFS.

*(Faire l'analyse logique et grammaticale
des phrases suivantes.)*

Soyez dans une position médiocre, sans cela le bonheur et la vertu sont en péril. — Aujourd'hui c'est dimanche. — Il est beau de mourir pour conserver sa foi. — C'est beaucoup que de savoir commander. — C'est un grand tort à un écrivain d'être ennuyeux. — C'est enhardir et absoudre le crime que de condamner l'innocence. — C'est mal juger, dans bien des cas, que de juger seulement d'après soi. — Ce qu'on souffre avec le moins de patience, ce sont les perfidies, les trahisons, les noirceurs. — Ce qui parait le plus choquer l'orgueil, c'est l'égalité. — Epargner les plaisirs, c'est les multiplier. — Se faire aimer, c'est là le premier bien du cœur. — La leçon des exemples instruit beaucoup plus que celle des préceptes. — L'action que vous avez faite n'est pas digne d'un gentilhomme. — Cette excuse louable est d'un cœur fraternel. — Qui vit aimé de tous à jamais devrait vivre. — Qui observera les commandements de Dieu sera sauvé. — Les animaux carnassiers ont le cou plus court que les animaux frugivores. — L'amour de la réputation est quelquefois plus puissant que celui de la vie. — Le renard a les sens aussi bons que le loup. — On répare difficilement les fautes contre la liberté, jamais celles contre l'honneur. — Le goût de la philosophie n'était pas alors celui dominant. — La constitution de Rome et celle d'Athènes étaient très-sages. — Le territoire d'Athènes était plus propre aux arts que ceux de Thèbes et de Lacédémone. — Le sentiment persuade mieux que la raison; celle-ci trouve des juges, l'autre se fait des complices.

MODÈLES

PREMIÈRE ANALYSE.

Analyse logique.

Soyez dans une position médiocre, sans cela le bonheur et la vertu sont en péril.	Sujet : (vous); attr. : soyez dans une position médiocre.
	Sujet : le bonheur et la vertu; attr. : sont en péril sans cela.

Aujourd'hui c'est diman-che.	Sujet : ce ; attr. : est aujour-d'hui dimanche.
Il est beau de mourir pour conserver sa foi.	Sujet : il (cela) (le fait) de mourir pour conserver sa foi ; attr. : est beau.

Toute proposition construite avec *il* impersonnel et un adjectif doit être analysée ainsi.

C'est beaucoup que de savoir commander.	Sujet : ce (fait) : que de sa-voir commander ; att. : est beaucoup.
C'est un grand tort à un écrivain d'être ennuyeux.	Sujet : ce (fait) : d'être en-nuyeux ; attr. : est un grand tort à un écrivain.
C'est enhardir et absoudre le crime que de condamner l'innocence.	Sujet ; ce (fait) : que de con-damner l'innocence ; attr. : est enhardir et absoudre le crime.
C'est mal juger, dans bien des cas, que de juger seule-ment d'après soi.	Sujet : ce (fait) : que de juger seulement d'après soi ; attr. : est mal juger, dans bien des cas.
Ce qu'on souffre avec le moins de patience, ce sont les perfidies, les trahisons, les noirceurs.	Sujet : on ; attr. : souffre ces choses avec le moins de pa-tience. Sujet : je ; attr. : vais dire les-quelles. Sujet : ces choses ; attr. : sont les perfidies, les trahisons, les noirceurs.
Ce qui paraît le plus cho-quer l'orgueil, c'est l'égalité.	Sujet : ce ; attr. : est l'égalité. Sujet : qui ; attr. : paraît le plus choquer l'orgueil.

Qui est toujours sujet et n'a pas d'autre rôle dans le discours. Qu'on y fasse bien attention pour l'analyse.

DEUXIÈME ANALYSE.

Analyse des sujets, des attributs et des compléments.

Soyez dans une posi-tion médiocre, sans cela le bonheur et la vertu sont en péril.	*(Vous),* suj. s.. inc. et sous-ent.; *soyez (placé) dans une position mé-diocre,* attr. s. et compl. ; *dans une position médiocre,* **compl.**

ind. et compl. de *placé*, sous-entendu ;

une position médiocre, compl. dir. et compl. de la prép. *dans* ;

médiocre, compl. qual. de *position* ;

le bonheur et la vertu, sans cela, suj. comp. et compl. ;

sans cela, compl. ind. de *bonheur et vertu* ;

cela, compl. de la prép. *sans* ;

sont (mis) en péril, attr. s., compl. et ellipt. ;

en péril, compl. ind. de *mis*, sous-entendu ;

péril, c. dir. de la prép. *en* ;

Aujourd'hui c'est di-manche. *Ce (jour) aujourd'hui*, suj. s. et c. ;

aujourd'hui, compl. qual. de *jour*, sous-entendu ;

est dimanche, att. s. et incompl.

Il est beau de mourir pour conserver sa foi. *Il (cela) : (l'acte) de mourir pour conserver sa foi*, suj. simp. et compl. ;

de mourir, compl. ind. de *acte*, sous-entendu ;

mourir, compl. dir. de la prép. *de* ;

pour conserver sa foi, compl. ind. et compl. de *mourir* ;

conserver, etc., c. dir. et comp. de la prép. *pour* ;

sa foi, comp. dir. de *conserver*.

C'est beaucoup que de savoir commander. *Ce (fait) : de savoir commander*, s. s. et compl. ;

de savoir, etc., compl. ind. et c. de *fait*, sous-ent. ;

savoir commander, compl. dir. de la prép. *de* ;

commander, compl. d. de *savoir* ;

est beaucoup, att. s. et incompl. ;

(je) suj. s. et incompl., sous ent. ;

vais dire lequel (fait), attr. s. et compl. Puisque *qui, que, dont, où*, sont toujours les signes de pro-positions incidentes, il est donc conjonction n'est autre qu'un pronom relatif, qui, dans l'analyse, doit être ramené à une proposition.

TROISIÈME ANALYSE.

Analyse grammaticale.

Soyez dans une position médiocre, sans cela le bonheur et la vertu sont en péril.	*Soyez,* 2° pers. pl. de l'impé. du v. subst. et irrég. *être* 4ᵉ conjug. ; *dans,* prép. : *une,* adj. num. car. f. s., dét. *position; position.* s. f. s., compl. dir. de la prép. *dans; médiocre,* adj. qualif. f. s., qual. *position; sans,* prép. : *cela,* pron. démonst. m. s., comp. dir. de la prép. *sans; le,* art. simp. m. s., dét. *bonheur; bonheur,* subst. c. m. s., sujet partiel de *sont; et,* conj. ; *la,* art. s. f. s., dét. *vertu; vertu,* sub. c. f. s., suj. part. de *sont; sont,* 3ᵉ pers. du p. du pr. de l'ind. du v. sub. et irré. *être,* 4ᵉ conj. ; *en,* prép. ; *péril,* sub. c. m. s., compl. dir. de la prép. *en.*
Aujourd'hui c'est dimanche.	*Aujourd'hui,* adv. de temps ; *c'est,* pour *ce est; ce* pron. dém. m. s. suj. de *est; est,* 3ᵉ per. du s. du pré. de l'ind. du v. sub. et irrég. *être,* 4° conj.; *dimanche,* subst. com. mas. sing., compl. qualif. de *ce.*
Il est beau de mourir pour conserver sa foi.	*Il,* pron. imp. m. s.; s. de *est; est,* 3ᵉ pers. du prés. de l'ind. du v. s. et irrég. *être,* 4ᵉ conj.; *beau,* adj. qualif. m. s., qual. *il; de,* prep. ; *mourir,* inf. prés. du v. neutre et irrég. *mourir,* 2ᵉ conj.; *pour,* prép. ; *conserver,* inf. pré. du v. act. et r. *conserver,* 1ʳᵉ c., compl. dir. de la prép. *pour;*

sa, adj. pos. f. s., dét. *foi ; foi,* subst com. f. s., régime dir. de *conserver.*

PRONOMS POSSESSIFS.

*(Faire l'analyse logique et grammaticale
des phrases suivantes.)*

La musique des Grecs était très-différente de la nôtre. — On voit les maux d'autrui d'un autre œil que les siens. — La race des nègres est une espèce différente de la nôtre. — Les Grecs ne prirent point les lettres égyptiennes auxquelles les leurs ne ressemblent pas du tout. — C'est à nous à payer pour les crimes des nôtres. — Sans haïr les autres nations, on peut aimer et respecter la sienne. — Aux lois de la nature, amis, soumettons-nous : toujours sa volonté l'emporta sur la nôtre ? — Ne jetons pas la pierre aux gens ; excusons leurs défauts ; n'avons-nous pas les nôtres ? — Regarde bien les disgrâces des autres, et tu te plaindras moins des tiennes. — Les injustices des pervers servent souvent d'excuses aux nôtres. — Aux intérêts d'autrui nous préférons les nôtres. — Le mal d'autrui souvent nous console du nôtre. — Dans les malheurs d'autrui souvent nous trouvons la source des nôtres. — La lecture des journaux nous attache à la patrie, nous identifie avec elle, la rend nôtre. — Le propre de la folie est de voir les défauts des autres, et de ne pas se rappeler les siens. — L'homme grandit ou rapetisse la suprême intelligence, suivant le plus ou moins d'étendue de la sienne. — Les plus cruels ennemis de la liberté d'autrui sont les amis les plus ardents de la leur. — Trop souvent on croit voir l'opinion publique dans la sienne.

MODÈLES.

PREMIÈRE ANALYSE.

Analyse logique.

La musique des Grecs était très différente de la nôtre. — Sujet : la musique des Grecs ; attr. : était très-différente de la nôtre.

On voit les maux d'autrui d'un autre œil que les siens.	Sujet : on; attr. : voit les maux d'autrui (en comparaison de cela). Sujet : (je) : attr. : (vais dire) quoi. Sujet : on ; attr. : (voit pas les) siens.

On voit que la phrase est comparative, et que, par conséquent, il y a trois propositions, dont les deux dernières sont très-elliptiques ; que l'analyse logique est le seul flambeau à l'aide duquel il nous est facile de réintégrer les mots ellipses ; que sans elle il n'y a plus que désordre et confusion, et qu'il est impossible de bien saisir ni la filiation des idées ni la relation des mots qui les expriment.

La race des nègres est une espèce différente de la nôtre.	Sujet : la race des nègres ; attr. : est une espèce différente de la nôtre.
Les Grecs ne prirent point les lettres égyptiennes auxquelles les leurs ne ressemblent point du tout.	Sujet : les Grecs ; attr. : prirent point les lettres égyptiennes. Sujet : les leurs ; attr. : ressemblent point du tout auxquelles.

Il y a ici deux propositions, dont la première est la principale et la seconde la relative. *Auxquelles*, étant régime indirect, fait nécessairement partie de l'attribut.

C'est à nous à payer pour les crimes des nôtres.	Sujet : ce (droit tendant) à payer pour les crimes des nôtres ; attr. : appartient à nous.

L'analyse logique procède de proposition en proposition, comme une chaîne est formée d'anneaux qui se succèdent les uns aux autres. Le plus difficile, c'est de rétablir les mots ellipsés ; ce n'est que par un fréquent usage qu'on peut avoir ce tact et cette connaissance. Qui ne sait pas relier ses idées par le rétablissement des ellipses, ressemble à un bijoutier qui ne saurait pas raccommoder une chaîne.

DEUXIÈME ANALYSE.

Analyse des sujets, des attributs et des compléments.

La musique des Grecs était très-diffifférente de la nôtre.

La musique des Grecs, suj. s. et c.;
des Grecs, compl. ind. de *musique;*
Grecs, compl. dir. de la prép. *de,* contenue dans *des;*
était très-différente de la nôtre, attr. s. et compl.;
très, compl. adv. de *différente;*
de la nôtre, compl. ind. de *différente;*
la nôtre, compl. dir. de la p. *de.*

On voit les maux d'autrui d'un autre œil que les siens.

On, suj. s. et incompl;
voit les maux d'autrui d'un autre œil, (en comparaison de cela), at. s. ellipt. et compl.;
les maux d'autrui, compl. dir. et c. de *voit;*
d'un autre œil, compl. dir. et c. de *voit;*
(je), suj. s. et inc., sous-ent.;
(vais dire) quoi, attr. s., ellip. et c.;
que pour *quoi,* compl. dir. de *dire,* sous-ent.;
(on), suj. s. et incompl., sous-ent.;
(voit) les siens, attr. s., ellipt. et c.;
les siens, compl. dir. de *voit,* sous-ent. Cette phrase est comparative. Remarquez qu'il y a trois propositions, et que l'analyse nous fait voir que *les siens* est le complément direct du verbe sous-entendu de la troisième proposition.

La race des nègres est une espèce différente de la nôtre.

La race des nègres, suj. s. et com.;
des nègres, compl. ind. de *race;*
nègres, compl. dir. de la prép. *de,* contenue dans *des;*

est une espèce différente de la nôtre,
attr. s. et compl. ;

différente, compl. mod. de *espèce ;*
de la nôtre, comp. ind. de *différente ;*
la nôtre, comp. dir. de la prép. *de.*

TROISIÈME ANALYSE.

Analyse grammaticale.

La musique des Grecs était très-différente de la nôtre.

La, art. s. f. s.. déf. *musique ; musique,* s. com. f. s., suj. de *était ;
des,* art. c. m. pl., dét. *Grecs ;
Grecs,* s. pr. de nation, m. pl.,
compl. dir. de la prép. *de* contenue dans *des ; était,* 3ᵉ per. du s.
de l'impar. de l'ind. du v. subs.
et irré. *être,* 4ᵉ conj.; *très,* adv.
de man. modif. *différente ; différente,* adj. qual. f. s., qualifie *musique ; de,* prép. ; *la nôtre,* pr.
poss. f. s., compl., dir. de la
prép. *de.*

On voit les maux d'autrui d'un autre œil que les siens.

On, pron. ind. m. s., suj. de *voit ;
voit,* 3ᵉ per. du sing. du pré. de
l'ind. du v. actif et irré. *voir,* 2ᵉ
conj.; *les,* art. s. m. pl., déter.
maux ; maux, sub. com. m. pl.,
rég. dir. de *voit ; d'autrui* pour
de autrui ; de, prép.; *autrui,* pr.
ind. m. s., compl. dir. de la prép.
de ; d'un, pour *de un ; de* prép. ;
un, adj. num. et card., dét. *autre
œil ; autre,* adj. ind. m. s.; dét.
œil ; œil, sub. com. m. s., compl.
dir. de la prép. *de ; que,* conj.; *les
siens,* pr. pos. m. pl., compl. dir.
de *on ne voit,* sous-ent.

PRONOMS RELATIFS.

*(Analyser logiquement et grammaticalement
les phrases suivantes.)*

La vie pastorale, qui s'est conservée dans plus d'une
contrée de l'Asie, n'est pas sans opulence. — Le grand
nombre d'ennemis que Napoléon a eu à combattre ont fini
par le vaincre. — La terre, qui est ronde et que l'on a à peine
explorée, dont le diamètre est de neuf mille lieues, et où tant
de générations se sont déjà succédées, est une très-petite
planète. — La Seine, qui prend sa source dans les Vosges,
et dont les rives sont richement diversifiées, que les affluents
grossissent de leurs eaux dans tout son parcours, et où la
navigation est d'une activité immense, a son embouchure
dans la Manche. — Les boulevards, où brillent des milliers
de lumières et de riches étalages, que l'on a macadamisés,
et qui sont plantés de chaque côté de jeunes arbres, dont
les embellissements ont pris depuis la révolution une prodi-
gieuse extension, et que nous avons vus être le théâtre de
nos guerres civiles, sont le rendez-vous des étrangers et du
beau monde. — Ma maison de campagne, qui est située sur
le penchant d'une colline, que j'ai louée pour six mois, dont
j'ai pris possession aujourd'hui, et où je me trouve admira-
blement, est parfaitement meublée. — La Bastille, qui fut
érigée en 1370, sous Charles V, par Hugues Aubriot, prévôt
des marchands, et qui fut seulement achevée en 1383 sous le
règne de Charles VI; que les insurgés parisiens ont bom-
bardée à la première révolution, et dont ils se sont emparés
de vive force le 14 juillet 1789; où il y avait des cachots
humides et obscurs, et où on laissait les prisonniers mourir
de faim, fut démolie au cri de : Vive la liberté! à bas les
tyrans! — Paris qui renferme de grands édifices et dont le
séjour me plaît, où je vois quantité d'oisifs se promener, et
que l'on embellit de jour en jour, est devenu la capitale du
monde civilisé. — Les efforts que vous aurez faits pour
imiter la nature, seront couronnés de succès. — Ceux qui
n'étaient pas initiés aux mystères de Cérès, ne pouvaient
assister à certains sacrifices. — Que de soins et de richesses
consacrés à la majesté du culte! — C'est par les Phéniciens
que la mer est devenue le lien de la société de tous les peuples
de la terre. — Les révolutions qui se sont succédées depuis

soixante ans n ont guère amélioré le bien-être du peuple. — Les cruautés que nous avons vu exercer par les communes de France, et en Angleterre, du temps de Charles VI et Henri V, se sont renouvelées en Allemagne. — La divinité, qui a donné la sagesse à l'homme, s'est aussi plue à instruire les animaux. — Le peu de prudence que vous aurez mis dans une affaire vous la fera manquer. — Tous les mouvements qu'on s'est donnés pour s'enrichir ne produisent pas toujours d'heureux fruits. — Des dons qu'ils vous ont faits remerciez les dieux. — Les secours que des personnes courageuses se sont empressées de porter aux cholériques en ont beaucoup sauvés. — Les anciens brames ont mené la vie la plus austère, et les faquirs, qui leur ont succédé, ont, depuis deux mille ans, suivi le même exemple. — Les voyages qu'on s'est proposé de faire n'ont pas toujours lieu. — Ceux que vous avez entendus vous applaudir dans la prospérité vous jettent la pierre dans la disgrâce. — Des légions romaines qu'on avait contraintes de se battre déposèrent les armes. — Les fausses nouvelles que des esprits mal intentionnés se sont étudiés à répandre ont fini par n'alarmer personne. — Les histoires qu'on a données à lire aux enfants sont peu fidèles. — Les choses que le mal a commencées se consolident mal. — Tant d'ouvrages que l'on a vus applaudis au théâtre, et méprisés à la lecture, doivent faire trembler un auteur! — C'est aux Babyloniens qu'est due l'invention du zodiaque. — Les usages que nos ancêtres ont suivis sont respectables. — La sagesse divine, qui s'est jouée dans la distribution des couleurs dont elle a orné les fleurs, a mis de nouveaux agréments dans la figure qu'elle a donnée à chacune d'elles. — On n'acquiert pas toujours la fortune qu'on aurait voulu. — Lycurgue, qui a donné des lois à Lacédémone, est repris de les avoir toutes faites pour la guerre. — Le peu de science qui s'était conservé chez les hommes, était renfermé dans les cloîtres. — Les jours qu'on a souffert depuis la révolution ne pourront s'oublier. — Les pluies qu'il a fait ont nui aux productions de la terre.

La vie pastorale, qui s'est conservée dans plus d'une contrée de l'Asie, n'est pas sans opulence.

Sujet : la vie pastorale ; attr. est pas sans opulence.

Sujet : qui ; attr. : a conservé soi dans plus d'une contrée de l'Asie.

La période a deux propositions : la première est principale ; la seconde est relative ou incidente explicative. Nous disons explicative, parce que, retranchée, elle n'altérerait pas le sens de la principale. C'est pourquoi nous la mettons entre deux virgules.

Le grand nombre d'ennemis que Napoléon a eu à combattre, ont fini par le vaincre.

Sujet : le grand nombre d'ennemis ; attr. : ont fini par le vaincre.

Sujet : Napoléon ; attr. : à eu à combattre lesquels.

La période a deux propositions : la première est principale, la seconde relative ou incidente déterminative. Nous disons déterminative, parce qu'elle ne saurait être retranchée sans altérer le sens de la principale. C'est pourquoi nous ne mettons de virgule qu'après *combattre*.

La terre, qui est ronde et que l'on a à peine explorée, dont le diamètre est de 9,000 lieues, et où tant de générations se sont déjà succédé, est une très-petite planète.

Sujet : la terre ; attr. : est une très-petite planète.

Sujet : qui ; attr. : est ronde.

Et, proposition implicite.

Sujet : on ; attr. : a exploré à peine laquelle

Sujet : le diamètre de laquelle ; attr. : est de 9,000 lieues.

Et, proposition implicite.

Sujet : tant de générations ; attr. : ont succédé à soi.

Cette période a sept propositions, dont une principale, quatre relatives et deux implicites. Les quatre relatives sont des incidentes explicatives qui, à cause de leur brièveté, n'exigent dans leur séparation que la virgule.

La Seine, qui prend sa source au Mont d'Or et dont les rives sont richement diversifiées, que les affluents grossissent de leurs eaux dans tout son parcours, et où la navigation est d'une acti-

Sujet : la Seine ; attr. : a son embouchure dans la Manche.

Et, proposition implicite.

Sujet : qui ; attr. : prend sa source au Mont d'Or.

Et, proposition implicite.

vité immense, a son embouchure dans la Manche.

Sujet : les rives de laquelle;
　attr. : son richement diver-
　sifiées.
Sujet : les affluents; attr. .
　grossissent laquelle de leurs
　eaux dans tout son parcours.
Et, proposition implicite.
Sujet : la navigation : attr :
　est d'une activité immense
　dans laquelle.

Cette période contient sept propositions, dont une principale, quatre relatives et deux implicites. Les propositions relatives sont des incidentes explicatives qui, considérées comme parties similaires, doivent être séparées par
une virgule.

DEUXIÈME ANALYSE.

Analyse des sujets, des attributs et des compléments.

La vie pastorale, qui
s'est conservée dans plus
d'une contrée de l'Asie,
n'est pas sans opulence.

La vie pastorale, suj. s. et c.;
　pastorale. c. mod. de *vie;*
　est pas (existante) sans opulence,
　　att. s., ellipt. et c.:
　　sans opulence, c. indir. de *exis-
　　tante,* sous - entendu. Ce mot
　　est bien sous-entendu, puisque
　　le verbe *être,* comme nous l'a-
　　vons déjà dit, ne saurait avoir
　　de régime direct ni indirect.
　qui, suj. s. et inc.:
　*a conservé (soi) dans plus d'une
　　contrée de l'Asie,* attr. s. et c.
　　On voit que *se* est pour *soi,* que
　　par conséquent c'est le régime
　　direct de *conservée* qui doit s'ac-
　　corder.
　se pour *soi,* c. dir. de *conservée;*
　conservée, c. mod. de *se;*
　dans plus d'une contrée de l'Asie,
　　c. indir., circonstanciel et compl.
　　de *conservée.* Nous disons *cir-*

Le grand nombre d'ennemis que Napoléon a eu à combattre, ont fini par le vaincre.

constanciel, puisque le complément répond à la question *où* ?

plus d'une contrée. etc., c. dir. et c. de la prép. *dans* ;

une contrée de l'Asie, c. dir. et c. de l'adv. de quantité *plus de* ;

de l'Asie, c. indir. de *contrée* ;

l'Asie, c. dir. de la prép. *de*.

Le grand nombre d'ennemis, suj. s. et comp.;

grand, c. mod. de *nombre* ;

d'ennemis, c. indir. de *nombre* ;

ennemis, c. dir. de *de* ;

ont fini par le vaincre, attr. s. et compl.;

par le vaincre, c. indir., circonst. et compl. de *ont fini*. On voit que le complément est bien circonstanciel, puisqu'il répond à la question *comment* ?

le vaincre, c. dir. et c. de la prép. *par* ;

le, c. dir. et inverse de *vaincre*. Nous disons *inverse* parce qu'on sait que, logiquement et grammaticalement, tout régime direct ou indirect d'un verbe se met après lui.

Napoléon. suj. s. et inc.;

a eu à combattre lesquels, att. s. etc.;

à combattre lesquels, c. indir. et c. de *a eu* ;

combattre, etc., c. dir. et compl. de la prép. *à* ;

que pour *lesquels*, c. dir. de *combattre*. On voit, par l'analyse, que le participe est invariable, puisque le pronom relatif *que* n'est pas son régime direct.

TROISIÈME ANALYSE.

Analyse grammaticale.

La vie pastorale, qui s'est conservée dans plus d'une contrée de l'Asie, n'est pas sans opulence.	*La*, art. fém. sing. déterm. *vie*; *vie*, subst. commun fém., sing., sujet de *n'est pas sans opulence*; *qui*, pro. relatif; *à vie*, fém. s., sujet de *s'est conservée*; *s'est conservée*, pour *se est conservée*; *se*, régime direct de conservée; *conservée*, part. passé en accord avec *se*; *se*, régime direct; *dans*, préposition : *plus d'une contrée de l'Asie*, régime direct et complexe de la proposition *dans*; *plus de*, adv. de quantité; *une contrée de l'Asie*. complément direct de *plus de*; *une*, adj. num. card. mas. sing. déter. *contrée*; *contrée*, subst. fém. sing.; *de*, prép. : *l'Asie*, nom propre fém. sing. compl. de la prép. *de*; *ne*, adv. de nég. ; *est*, verbe subst. 3e per. du pré. de l'indicatif du verbe irré. *être*, 4e conj.; *sans opulence*, complément indirect du verbe s.-entendu *existante*; *sans*, prép.; *opulence*, substantif com. fém. sing. régime dir. de la prép. *sans*.

PRONOMS INDÉFINIS.

(Analyser logiquement et grammaticalement les phrases suivantes.)

On peut être étourdi, léger, inconséquent et brave en même temps. — Le commencement et le déclin de l'amour se font sentir par l'embarras où l'on est de se trouver seuls, — Personne a-t-il jamais raconté plus naïvement que La Fontaine? — Les citoyens, chacun selon ses facultés, tiennent.

table ouverte. — Athènes, Lacédémone, Milet, ont, chacune, leur dialecte. — Les langues ont, chacune, leurs bizarreries. — L'ignorance et le mépris des devoirs produisent le même effet : l'une vient du défaut absolu d'éducation, l'autre part d'une éducation fausse. — L'amour et l'amitié s'excluent l'un l'autre. — Nous portons chacun notre croix. — Les passions, ennemies les unes des autres, sont dans un état perpétuel de guerre. — Quiconque n'a pas de caractère n'est pas un homme : c'est une chose. — On a défini l'ancienne France une monarchie tempérée par des chansons. — Toute sensée qu'on est, on est charmée d'être riche et belle. — Quiconque déclame contre la liberté trouve son profit dans l'esclavage. — Le grand Frédéric et Napoléon eurent la velléité de se suicider ; l'un en fut détourné par ses succès. l'autre par sa gloire. — Nous sommes en tout, et presque constamment, victimes, chacun de notre imagination. — Les méchants s'appuient les uns sur les autres. — On n'éclaire pas les esprits à la lueur des flambeaux. — Ronsard et Balzac avaient chacun dans son genre, assez de mérite pour former après eux un grand écrivain en vers et en prose. — On est chérie, surtout si l'on est belle. — Ainsi va le monde : aujourd'hui l'on est amis, et demain rivaux. — Le vrai moyen d'adoucir ses peines est de soulager celles des autres. — Quiconque désire toujours, passe sa vie à attendre. — César et Pompée avaient, chacun, leur mérite ; mais c'étaient des mérites différents. — Les hommes se nuisent les uns aux autres.

PREMIÈRE ANALYSE.

Analyse logique.

On peut être étourdi, léger, inconséquent et brave en même temps.	Sujet : on ; attr. : peut être étourdi, léger, inconséquent et brave en même temps.
Le commencement et le déclin de l'amour se font sentir par l'embarras où l'on est de se trouver seuls.	Sujet : le commencement et le déclin de l'amour ; attr. : font sentir soi par l'embarras où l'on est de se trouver seuls.

Personne a-t-il jamais raconté plus naïvement que La Fontaine?

Sujet : (je; attr. : fais la question suivante :
Sujet : personne: attr. : a raconté plus naïvement (en comparaison de ce fait).
Sujet : (je); attr. : (vais dire lequel).
Sujet : La Fontaine: attr. : a raconté naïvement.

La phrase est non-seulement interrogative, mais comparative. Par conséqnent, elle ne peut être analysée logiquement que suivant le modèle que nous en donnons.

DEUXIÈME ANALYSE.

Analyse des sujets, des attributs et des compléments.

On peut être étourdi, léger, inconséquent et brave en même temps.

On, suj. s. et inc ;
peut être, etc , at r. s. et comp.;
étourdi, léger, etc., c. mod., comp. et compl. de *on* ;
en même temps, c. ind. et circ. de *étourdi, léger* et *inconséquent* ;
même temps, c. dir. de la prep. en.

Le commencement et le déclain de l'amour se font sentir par l'embarras où l'on est de se trouver seuls.

Le commencement et le déclin de l'amour, suj. comp. et compl.;
de l'amour, compl ind. de *commencement et déclin* ;
amour, compl in de la prép. *de* ;
font sentir soi, par l'embarras, etc., atr. s. et comp.;
sentir, comp. dir. de *font* ;
soi pour se, c. dir. de *font sentir* ;
par l'embarras, c. ind. et compl. de *font sentir* ;
l'embarras, c. dir. de la prép *par*
L'on, suj. s et incompl.;
est (placé de se trouver (deux êtres) seuls, attr. s., ellipt et compl.;
de se trouver, etc., compl. indir. de *placé*, sous-entendu ;

se trouver (*deux êtres*) *seuls*, c. dir.
ellipt. et compl. de la prép. *de ;*
se compl dir. de *trouver ;*
seuls, comp. modif. de *deux êtres*,
sous-entendu Voilà la raison
pourquoi *seuls* est au masculin
pluriel.

TROISIÈME ANALYSE.

Analyse grammaticale.

On peut être étourdi, léger, inconséquent et brave en même temps.

On, pron. indéf. de la 3ᵉ pers., m. s., suj du verbe : *peut* 3ᵉ pers. du s. du prés. de l'ind. du v. actif et irregul. *pouvoir*, 3ᵉ conj.: *être*, infin. prés, du verbe subst. *être*, 4ᵉ conj., complément direct de *peut;* *étourdi*, *léger*, *inconséquent*. adj. qual. m. s., qual. *on; et*, conj.; *brave*, adj. qual. m. s., qual *on; en même temps*, locution adverbiale.

Le commencement e le déclin de l'amour se font sentir par l'embarras où l'on est de se trouver seuls.

Le, art. s. m. s., dét. *commencement ; commencement*, subst. c. masc. s., suj. partiel de *font ; et*, conjonct.; *le*, art. s. masc. s., dét. *déclin; déclin*, subst. com. m. s., suj. partiel de *font; de;* prépos.; *l'amour* pour *le amour; le*, art. s. m. s., détem. *amour; amour*, substantif commun masculin singulier, compl. dir. de la prép. *de; se*, pron pers. de la 3ᵉ pers., m. pl., compl. dir. et inv. de *font sentir; font*, 3ᵉ pers. du pl. du prés de l'ind. du v. actif et irrég. *faire*, 4ᵉ conj.; *par*, prép.; *l'embarras* pour *le embarras; le*, art. s. m. s., dét. *embarras: embarras*, subst. com. m. s., compl.

dir. de la prép. *par*; *où*, pron.
relatif m. s., compl. ind. de *placé*,
sous-entendu : *l'on*, pron. relatif
m. s., suj. de *est*; *est*, 3ᵉ pers.
du sing. du prés. de l'ind. du v.
aux. et irrég. *être*, 4ᵉ conj.; *de*,
prép.; *se*, pronom pers. de la
3ᵉ pers. m. pl., compl. dir. et
inverse de *trouver*; *trouver*, infin.
prés. du v. actif et rég. *trouver*,
1ʳ conj., c. dir. de la prép. *de*;
seuls, adj. qual. m. pl., qual.
êtres, s.-ent.

VERBE.

*(Faire l'analyse logique et l'analyse grammaticale
des phrases suivantes.)*

La colombe attendrit les échos des forêts. — La sordide avarice et la folle prodigalité, tempérées l'une par l'autre, produisent la sage économie. — La noblesse et l'oisiveté corrompent les plus beaux naturels. — La fortune et l'humeur gouvernent le monde. — La colère et la précipitation sont deux choses fort opposées à la prudence. — La conscience, l'honneur, la chasteté, l'amour et l'estime des hommes sont à prix d'argent. — Celui qui est riche et libéral possède tout — Une chaumière, un champ ne font pas le bonheur. — Le soleil ni la mort ne se peuvent regarder fixement. — Le luxe, la magnificence, les arts, tout ce qui fait la splendeur d'un État, en fait la richesse. — Chaque âge, chaque état de la vie a sa perfection convenable. — L'ignorance ou l'erreur peut quelquefois servir d'excuse aux méchants. — Plus d'un royaume a été bouleversé pour un malentendu.—Bien dire et bien penser n'est rien sans bien faire. — C'est l'âme, et non pas le corps, qui rend le mariage indissoluble. — C'est plus la politesse des mœurs que celle des manières, qui doit nous distinguer des peuples barbares. — C'est la loi, et non pas l'homme, qui doit régner. — La mort, comme la naissance, est un mystère de la nature. — La vérité, comme la lumière, est inaltérable, immortelle. — L'âme, comme le corps, ne se développe que par l'exercice. — Le trop d'expédients peut gâter une affaire. — Quantité d'Italiens, d'Espagnols, d'Allemands, d'Anglais, se sont établis chez nous, et s'y établissent encore tous les jours. Une multitude de passions divisent les hommes dans les villes. — Un nombre infini de maîtres de langues, d'arts et de sciences enseignent ce qu'ils ne savent pas. — Quelle foule de maux environnent notre être! — Heureux ceux qui aiment à lire! — Louis XII fut le premier des rois qui mit les laboureurs à couvert de la rapacité des soldats. — Ce furent les Phéniciens qui les premiers inventèrent l'écriture. — Ce ne sont pas les pierres qui font le temple : c'est la pensée. — Ce que nous estimons, c'est la santé, la frugalité, la liberté, la vigueur de corps et d'esprit. — C'est des bibliothèques de nos épicuriens que s'élèvent les nuages qui ont obscurci les espérances et les vertus de l'Europe. — Les mœurs sont l'ouvrage des lois, et le bonheur public l'ouvrage des mœurs. — Les observations fines sont la science des femmes. Compatir aux erreurs des hommes, être indulgent pour leurs faiblesses : ce sont là les devoirs de chacun de nous. — C'est moi seul qui suis coupable. — Je suis Diomède, roi d'Italie, qui blessai Vénus au siège de Troie. — C'est dans la zône torride que se trouvent les fleurs les plus brillantes, les aromates les plus odorants et les fruits les plus savoureux. — Telle est l'injustice des hommes : la gloire la plus pure et la mieux acquise les blesse. — La manière dont on élevait les enfants des Perses est admirée de Platon — Les besoins nous ont faits esclaves les uns des autres. — Les anciens croyaient que la lune est le séjour des songes, et que c'est là que les âmes des hommes vont après leur mort. — Les pays les plus peuplés furent sans doute les climats chauds, où l'homme trouva une nourriture facile et abondante. — Soyons en tout dignes de notre naissance. — N'entretenez pas de votre bonheur un homme plus malheureux que vous. — Vivent les honnêtes gens! — De cents coups de poignard que l'infidèle meure! — Je ne sache que trois peuples qui aient pratiqué l'éducation publique. — Je ne sache pas qu'il y ait eu d'hommes blancs devenus noirs. — Connaissez-vous quelqu'un qui puisse commander avec modération? — Ce n'est pas moi qui voudrais me ruiner par des emprunts condamnables. — Le tailleur et moi sommes tombés d'accord. — C'est nous qui prenons soin de notre honneur et de nos intérêts. — C'est à moi qu'il appartient de régler mes affaires. — L'enthousiasme, comme le vin pris à forte dose, trouble la raison. — M'accorderai-je avec quelques philosophes à croire que tout soit matériel en moi? — Combien courent à leur ruine! — La morale et la philosophie triomphent de toutes les peines : ce sont de sûrs garants de la sagesse. — Vivent la Champagne et la Bourgogne pour les bons vins! — Dieu vous bénisse! — La peur ou le besoin font tous les mouvements de la souris. — L'or et l'argent s'épuisent; mais la vertu, la constance et la pauvreté ne s'épuisent jamais.

MODÈLES

PREMIÈRE ANALYSE.

Analyse logique.

La colombe attendrit les échos des forêts.	Sujet : la colombe; attr. : attendrit les échos des forêts.
La sordide avarice et la folle prodigalité, tempérées l'une par l'autre, produisent la sage économie.	Sujet : la sordide avarice et la folle prodigalité tempérées; attr : produisent la sage économie. Sujet : l'une; attr. : (étant tempérée) par l'autre.

Puisque l'*une* est sujet, il y a évidemment deux propositions, et c'est ce que démontre l'analyse.

La noblesse et l'oisiveté corrompent les plus beaux naturels	Sujet : la noblesse et l'oisiveté ; attr. : corrompent les plus beaux naturels.

DEUXIÈME ANALYSE.

Analyse des sujets, des attributs et des compléments.

La colombe attendrit les échos des forêts.	*La colombe*, suj. s. et inc.: *attendrit les échos des forêts*, attr. s. et compl.;

les échos des forêts, c. dir. et c.
de *attendrit*;

des forêts, c ind. de *échos*;

forêts, c. dir. de la prép. *de* contenue dans *des*.

La sordide avarice et la folle prodigalité, tempérées l'une par l'autre, produisent la sage économie.

*La sordide avarice et la folle pro-
digalité tempérées*, sujet composé et complexe;

sordide, compl. mod. de *avarice*;

folle, c. mod de *prodigalité*;

tempérées, c. mod. de *avarice* et
prodigalité;

produisent la sage économie, attr.
s. et compl.;

la sage économie, c. dir. et compl.
de *produisent*;

sage, c. mod de *économie*;

l'une, suj. s. et inc.;

(étant tempérée) par l'autre, att.
s., ellipt. et compl.;

par l'autre, c. ind. de *tempérée*,
sous-entendu;

l'autre, c. dir de la prép. *par*.

TROISIÈME ANALYSE.

Analyse grammaticale.

La colombe attendrit les échos des forêts.

La, art. s. f. s., dét. *colombe*; *colombe*, subst. com. f. s., suj. de
attendrit; *attendrit*, 3ᵉ pers du
s. du prés. de l'ind. du v. actif
rég. *attendrir*, 2ᵉ conj.; *les*, art.
s. m. pl., dét. *échos*; *échos*,
subst. c. m. pl., rég. dir. de
attendrit; *des* art. comp. f. pl.,
dét. *forêts*; *forêts*, subst. c. f.
pl., compl. dir. de la prép, *de*,
contenue dans *des*, et indir. de
échos.

La sordide avarice et la folle prodigalité, tem-

La, art. s. f. s., dét. *sordide avarice*; *sordide*, adj. qual. f. s.,

pérées l'une par l'autre produise la sage la sage écomie.

qualifie *avarice; avarice*, subst. com. f. s., suj. part. de *produisent; et*, conj.: *la*, art. s. f. s., dét. *folle prodigalité; folle* adj, qual. f. s., qualifie *pradigalité; prodigalité*, subst. c. f. s sujet partiel de *produisent; tempérées*, partic. passé f. pl. du v. actif et rég. *tempérer; tempéréer*. 1re c., com. mo. de *avarice* et *prodigalité: l'une*, pron. indéf. f. s., suj. de *étant tempérée*, sous entendu; *par*, prép.; *l'autre*, pron. indéf. f. s., compl. dir de la prép. *par*, et ind de *tempérée*, sous-entend.; *produisent*, 3e pers. du pl. du prés. de l'ind. du v actif et irrég. *produire*, 4e conj.; *la* art. s. f. s., dét. *sage économie; sage*, adj. qual. f. s., qual. *économie; économie*, subst. c. f. s., compl. dir. de *produisent*.

PARTICIPE PRÉSENT.

Analyser logiquement et grammaticalement les phrases suivantes.)

Toutes les planètes circulant autour du soleil paraissent **avoir** été mises en mouvement par une impulsion commune. — Les Chinois s'abstiennent de mets échauffants et de liqueurs enivrantes. — Tous les jours marquants de la Révolution et de ses suites furent des journées de dupes. — Des juges dépendant de l'influence royale doivent être nécessairement accessibles à l'intérêt. — Les torts d'un ami sont affligeants pour nous et pour lui. — Les troubadours allaient chantant les amours et la gloire sous les fenêtres des châtelaines. — Nous, descendants des Celtes, qui venons de défricher les forêts de nos contrées sauvages, laissons les Chinois et les Indiens jouir en paix de leur climat et de leur antiquité. — Les Juifs apprirent la langue chaldaïque, fort **approchante** de la leur. — Les Russes à Paris payèrent tout comptant. — L'atmosphère, en réfléchissant les rayons du soleil, illumine tout le globe. — Joseph et Nathan sont des personnages peu agissants. — L'attraction, agissant selon les masses, n'a rien d'incompatible avec l'étendue et la divisibilité. — Bamberg est une jolie ville de la Franconie, célèbre par son jardinage et son excellente réglisse. — La richesse et la population croissant dans le Nord, rendront plus abondante la consommation des denrées du Midi de l'Europe. — Les vérités qui sont propres à rendre les hommes doux, humains, soumis aux lois, obéissants au prince, intéressent l'État et viennent évidemment de Dieu. — Le génie de Bossuet, de Corneille, de Molière, et surtout de Fénelon, protégeait la gloire pâlissante du grand roi. — Les animaux, vivant d'une manière conforme à la nature, doivent être sujets à moins de maux que nous. — Tous les sages de l'antiquité, sans aucune exception, ont cru la matière éternelle et subsistante par elle-même. — En naissant, la douleur est notre partage. — En mourant, n'exigez pas de vos amis une éternelle douleur. — Il y a des personnes souffrantes et résignées. — Les révolutions précédentes semblent n'avoir rien appris à certaines gens. — En violant la loi, vous vous placez hors de l'ordre social. — L'intérêt est le président de presque tous les conseils. — Les passions, présidant tous les conseils amènent toujours des résolutions funestes. — Les mesures violentes sont des actes de faiblesse. — Négligent dans les affaires privées, vous le serez également dans les affaires publiques. — On a trouvé quelquefois des enfants égarés dans les bois et vivant comme des brutes. — Haïr est fatigant. — L'ambition, fatiguant les hommes, les prend pour instruments et pour victimes.

PREMIÈRE ANALYSE.

Analyse logique.

Toutes les planètes circulant autour du soleil paraissent avoir été mises en mouvement par une impulsion commune.	Sujet : toutes les planètes circulant autour du soleil ; attr. : paraissent avoir été mises en mouvement par une impulsion commune.
Les Chinois s'abstiennent de	Sujet : les Chinois ; attr..

mets échauffants et de liqueurs enivrantes.

Tous les jours marquants de la Révolution et de ses suites furent des journées de dupes.

Des juges dépendant de l'influence royale doivent être nécessairement accessibles à l'intérêt.

Les torts d'un ami sont affligeants pour nous et pour lui.

abstiennent soi de mets échauffants et de liqueurs enivrantes.

Sujet : tous les jours marquants de la Révolution et de ses suites; attr. : furent des journées de dupes.

Sujet : des juges dépendant de l'influence royale ; attr. : doivent être nécessairement accessibles à l'intérêt.

Sujet : les torts d'un ami; attr. : sont affligeants pour nous et pour lui.

DEUXIÈME ANALYSE.

Analyse des sujets, des attributs et des compléments.

Toutes les planètes circulant autour du soleil paraissent avoir été mises en mouvement par une impulsion commune.

Toutes les planètes circulant autour du soleil, suj. s. et compl.;
circulant autour du soleil, c. qual. et compl de *planètes*:
autour du soleil, c. ind. de *circulant*;
soleil, c. dir. de la locution prép. *autour de*;
paraissent avoir été mises, etc., attr. s. et compl.;
avoir été mises, etc., c. m. de *planètes*. Remarquez bien ici que le complément ne peut appartenir à *paraissent* et être ainsi un complément direct, puisque *paraître* est un verbe neutre qui, comme le verbe *être*, ne saurait avoir de complément direct. Qu'on sache bien encore qu'un complément direct n'est que l'objet qui reçoit l'action d'un verbe, et que, sous ce rapport, *être*, *paraître*, *sembler* ne peuvent indiquer que des qualifications.

en mouvement, c. ind. et circonst.
de *mises* Puisque le complément
répond à la question *comment?*
on voit qu'il est aussi, par cette
raison. circonstanciel.

mouvement. c. dir. de la prép. *en;*
par une impulsion commune, c. ind.
et compl. de *mises ;*
une impulsion commune, c. dir. de
la prép. *par;*
commune, c. mod. de *impulsion.*

Les Chinois s'abtiennent de mets échauffants et de liqueurs énivrantes.

Les Chinois, suj. s. et incompl.;
*abstiennent soi de mets échauffants
et de liqueurs enivrantes,* attr.
s. et compl.;
soi pour *se,* c. dir. de *abstiennent ;*
*de mets échauffants et de liqueurs
enivrantes,* c. ind. composé et
compl. de *s'abstiennent;*
mets échauffants, etc., compl. dir.
et c. des prép. *de;*
échauffants, enivrantes, c. mod. de
mets et *liqueurs.*

TROISIÈME ANALYSE.

Analyse grammaticale

Toutes les planètes circulant autour du soleil paraissent avoir été mises en mouvement par une impulsion commune.

Toutes, adj indéf. f. pl. détermine
les planètes; les, art. s. f. pl. dét.
planètes; planètes, s. com. f. pl.
suj. de *paraissent ; circulant,*
part. prés. du v. neutre et régulier *circuler,* 1re conj.; *autour
de,* locut. prépositive; *du,* art.
comp. m. s., déterm. *soleil; soleil,* subs. com. m. s., compl.
dir. de *autour de; paraissent,*
3e pers. du pl. du prés. de l ind.
du v. neutre et irrég. *paraître,*
4e conj ; *mises,* p. pas. du v. ac.

et irrég. *mettre*, 4e conj., compl.
mod. de *planètes*; *en*, prép. *mouvement*, subs. com. m. s.. compl.
dir de la prép. *en*; *par*, prép.;
une, adj. num. card., dét. *impulsion*; *impulsion*, subs. com. f. s.,
compl. dir de la prép. *par*; *commune*, adj. qual. f. s., qualifie
impulsion

PARTICIPE PASSÉ.

(*Analyser logiquement et grammaticalement les phrases
suivantes.*)

Les Grecs, encore ignorants, se sont exagéré le savoir des
Egyptiens. — Que d'amis se sont nui en cherchant à s'obliger! — Ce ne sont pas les louanges, mais la vérité, que les
écrivains ont toujours recherchée. — La politesse est comme
l'eau courante qui rend unis et lisses les plus durs cailloux.
— J'ai vu, dit Confucius, des hommes qui étaient peu propres aux sciences ; mais je n'en ai point vu qui fussent incapables de vertus. — Alexandre, dans l'âge fougueux des
plaisirs et dans l'ivresse des conquêtes. a bâti beaucoup plus
de villes que tous les autres vainqueurs de l'Asie n'en ont
détruites. — Tant qu'ils ont vécu, Racine et Boileau se sont
donné des preuves de l'estime la plus sincère. — Une bonne
action est récompensée par le plaisir qu'on a de l'avoir faite.
— Il y a peu de souverains qui n'eussent bien régné, s'ils
eussent régné seuls et par eux-mêmes — A la chute de
l'empire romain, les grands chemins disparurent dans les
Gaules, excepté quelques chaussées que la malheureuse
reine Brunehaut fit reparer. — Les générations se sont succédé parmi les peuples aussi bien que parmi les hommes. —
On a été émerveillé des jolies femmes qu'il a paru au bal. —
On a examiné une suite de trente-six eclipses de soleil
rapportees dans les livres de Confucius; on n'en a trouvé
que deux fausses et deux douteuses. — Plusieurs académies
se sont formées en Europe; mais nous n'en avons vu nulle
part qui se soient occupées de la morale. — Les vengeances
particulières et la fureur de la déprédation firent perir beau-
plus de citoyens que les triumvirs n'en avaient condamnés.

— C'est à l'ombre de la paix que les arts sont nés, ont pros-
péré et se sont perfectionnés. — D'où viennent les difficul-
tés, si ce n'est souvent du peu d'attention qu'on y a donné.
— La condition du peuple a presque toujours empiré par les
fréquentes mutations de gouvernements. — Le destin est
une chose incalculable, attendu la quantité de données qui
nous manquent. — Les Cimbres s'étaient proposé la con-
quête de l'Italie. — Que de malheureux il y a eu après la
Révolution ! — Les ministres qui ont outré la puissance des
rois l'ont affaiblie. — Elevez la voix contre les abus ; nous
en avons eu d'horribles. — A mesure que les hommes se
sont répandus sur la surface de la terre, il s'est formé des
nations séparées qui, se conformant aux lieux qu'elles habi-
taient, se sont accoutumées à différentes manières de vivre.
— Que de fautes il a été trouvé dans nos auteurs ! — L'union
forcée de la vieillesse décrépite à la fraîche jeunesse est le
supplice de Mézence. — Les malheurs du premier âge pré-
parent l'homme à entrer dans la vie, et Paul n'en avait jamais éprouvé. — Pour être sûr de la vérité, il faut l'avoir
entendu annoncer d'une manière claire et positive. — La calomnie s'est toujours plue à répandre son venin sur les vertus les plus pures. — Loin des bords qui nous ont vus naître,
nous ne saurions jouir d'un bonheur parfait. — L'Italie,
favorisée du ciel, est la seule contrée qui ait fleuri deux fois,
sous Auguste et Léon X. — Les genres et les espèces d'animaux se sont moins multipliés en Europe que dans les autres
parties du monde. — L'ignorance et l'aveuglement se sont
prodigieusement accrus depuis le temps d'Abraham. —
Que d'huîtres il a été déjà mangé ! — On apprend tout
dans les livres, excepté la manière de s'en servir. — Que la
crainte de faire des ingrats, ou le déplaisir d'en avoir trouvé,
ne vous empêchent pas de faire du bien. — Grégoire de
Tours, cité devant un concile, proteste qu'il n'est pas l'auteur des propos tenus contre la reine, mais qu'il les a entendu tenir à d'autres personnes. — L'éruption du Vésuve
est un des spectacles que la nature s'est réservé de montrer
seule à l'admiration de l'homme. — Lyon est une des villes
les plus florissantes de la France, son commerce, ainsi que
son industrie, l'ont rendue la seconde ville du royaume. —
Le nom de Bossuet rappelle un de ces hommes rares que le
siècle de Louis XIV a réunis dans le vaste domaine de la
gloire. — L'honneur et la justice sont entièrement bannis de
de ce monde. — Tant d'événements inouïs se sont précipi-

tés dans le cours de quelques lustres, qu'il faut renoncer à
rien présager et s'attendre à tout.—Si la guerre civile avait
éclaté, nous ne saurions croire les maux qu'il en serait ré-
sulté. — Beauté, talent, esprit, tout s'use à la longue, excepté la sagesse et la vertu. — Quelle longue suite d'abus,
de vexations, d'iniquités, a supporté un peuple avant de
faire divorce avec une race de souverains qu'il aimait. —
Newton, ayant comparé une année commune des années
qu'ont régné les rois de différents pays, réduit chaque règne
à vingt-deux ans ou environ. — Le peu de vivres qu'on a
conservés est porté à un prix qui effraie la misère, et qui
pèse même à la richesse. — Le peu de républiques qu'il y
a eu dans les temps anciens suffit pour nous en donner quelque idée. — Pour peindre le vice, on a toujours cherché les
plus noires couleurs qu'on a pu.—Notre habitation a éprouvé
autant de révolutions en physique que la rapacité et l'ambition en ont causées parmi les peuples. — Il y a dans Corneille bien plus de fautes que Voltaire n'en a observées. —
Plusieurs des altérations que notre globe a souffertes ont été
produites par le mouvement des eaux. — La langue latine
ne fut perfectionnée qu'à l'époque où florissaient Antoine,
Crassus, Sulpitius, que nous avons vus jouer un grand rôle
dans les Dialogues de Cicéron sur l'Orateur. — Répandues
avec bienséance, les larmes ne déshonorent jamais. — Il ne
faut pas toujours s'estimer en raison des applaudissements
que l'on a reçus. — Il faut regretter les nombreuses années
que l'on a vécu sans pouvoir s'instruire.—Le trop de partia-
lité que vous aurez mis dans une affaire vous fera accuser
de prévention. — Le nombre de journaux qu'il s'est formé
en France a éclairé le peuple. — Ne parlez pas du peu
de capacité que vous aurez acquis en quoi que ce soit. —
C'est au peu de livres que j'ai lus que je dois le peu de connaissances que j'ai acquises.

MODÈLES

PREMIÈRE ANALYSE.

Analyse logique.

Les Grecs, encore ignorants, se sont exagéré le savoir des Égyptiens.	Sujet : les Grecs, encore ignorants ; attr. : ont exagéré à soi le savoir des Égyptiens.
Que d'amis se sont nui, en cherchant à s'obliger.	Sujet : que d'amis ; attr : ont nui à soi en cherchant à s'obliger.
Ce ne sont pas les louanges, mais la vérité, que les écrivains ont toujours recherchée.	Sujet : ces choses que les écrivains ont recherchées ; attr. : sont pas les louanges.

Mais, proposition implicite, équivalant à *je dis plus*, du latin *magis*, qu'on retrouve dans la conjonction française *mais*.

	Sujet : (cette chose) que les écrivains ont recherchée ; attr : est la vérité.

Quoique en apparence il y ait ici trois propositions, il y en a réellement cinq : deux principales, une implicite, et deux incidentes déterminatives, que nous négligerons d'analyser.

La politesse est comme l'eau courante, qui rend unis et lisses les plus durs cailloux.	Sujet : la politesse ; attr. : est (ainsi).
	Sujet : l'eau courante ; attr. : est de même.
	Sujet : qui ; attr. : rend les plus durs cailloux unis et lisses.

Il ne peut y avoir de comparaison sans qu'il y ait au moins des objets comparés. Nous avons déjà dit que lorsque *comme* entre dans une comparaison, son antécédent *ainsi* est toujours sous-entendu, et que, s'il est exprimé, il doit être suivi du corrélatif *que*, qui, dans ce cas, ne peut être remplacé par *comme*. On voit donc que la phrase analysée contient trois propositions : la première principale, la deuxième explicative, et la troisième également explicative.

J'ai vu, dit Confucius, des hommes qui étaient peu propres aux sciences ; mais je n'en ai point vu qui fussent incapables de vertus.

Sujet : Confucius ; attr. : dit.

Sujet : je ; attr. ai vu des hommes.

Sujet : qui ; attr. : étaient peu propres aux sciences ;

Mais, proposition implicite, qui s'analyse ainsi : *Je dis plus.*

Sujet : je ; attr. : ai point vu d'eux.

Sujet : qui ; attr. : fussent incapables de vertus.

On voit, par notre analyse, que la période se compose de six propositions : deux principales, une implicite, et deux incidentes déterminatives.

DEUXIÈME ANALYSE.

Analyse des sujets, des attributs et des compléments.

Les Grecs, encore ignorants, se sont exagéré le savoir des Egyptiens.

Les Grecs, encore ignorants, suj. s. et compl. ;

encore, compl. adv. et inv. de *ignorants* ;

ignorants, compl. mod. de *Grecs*,

ont exagéré à soi le savoir des Egyptiens, attr. s. et compl. ;

se pour *à soi*, compl. ind. de *ont exagéré* ;

le savoir des Egyptiens, compl. dir. de *ont exagéré* ;

des Egyptiens c. ind. de *savoir* ;

Egyptiens, c. dir. de la prép. *de* contenue dans *des*.

Que d'amis se sont nui en cherchant à s'obliger !

Que d'amis, suj. s. et incompl. ;

amis, compl. dir. de l'adv. de quant. *que de* ;

ont nui à soi en cherchant à s'obliger, attr. s. et compl. ;

se pour *à soi*, compl. ind. de *ont nui*. Ce qui fait que le participe est invariable ;

en cherchant, etc., c. ind., compl. et circons. de *se sont nui* ;

cherchant, etc., c. dir. et compl. de la prép. *en* ;

à s'obliger, c. ind. de *cherchant;*
s'obliger, c. dir. de la prép. *à;*
se pour *soi*, compl. dir. et inv. de *obliger.*

Ce ne sont pas les louanges, mais la vérité, que les écrivains ont toujours recherchée.

Ce suj. s. et incompl. ;
sont pas les louanges, mais la vérité, attr. c. et incompl. ;
les écrivains. suj. s. et incompl. ;
ont toujours recherché laquelle, att. s. et compl. ;
toujours, c. adv. et inv. de *recherché :*
que pour *laquelle*, c. dir. et inv. de *recherché.* Dans l'analyse logique, le régime direct se place après le verbe. Par conséquent, *que* doit être traduit par *lequel, lesquels, laquelle, lesquelles*, et le participe est variable ou invariable, selon qu'il est précédé du premier ou suivi des seconds. D'où il résulte que dans la phrase donnée le participe varie; mais dans l'analyse, il est invariable.

TROISIÈME ANALYSE.

Analyse grammaticale.

Les Grecs, encore ignorants, se sont exagéré le savoir des Egyptiens.

Les. art. s. m. pl., déter. *Grecs;*
Grecs. nom pr. de peuple, m. pl., sujet de *se sont exagéré; encore,* adv. de temps, mod. *ignorants; ignorants*, adj. qual. m. pl., qualifie *Grecs; se sont exagéré*, 3e per. du pl. du passé indéfini du v. réfl. ind et rég. *s'exagérer,* 1re conj. ; *le*, art. s. m. sing., déter. *savoir; savoir*, subst. com. m. sing., rég. dir. de *exagéré,* invar. parce que son rég. dir.

est après, et que *se* est pour *à soi*;
des, art. comp. m. pl., déter.
Egyptiens; *Egyptiens*, nom pr.
de peuple, m. pl., compl. ind. de
savoir, et dir. de la prép. *de*
contenue dans *des*.

ADVERBES.

(Analyser logiquement et grammaticalemnt les phrases
suivantes.)

Plus les devoirs sont étendus, plus il faut faire d'efforts
pour les remplir. — Tant pis si vous êtes triste, tant mieux
si vous êtes gai. — Je serai mort avant que je me sois aperçu
que je devais mourir. — Il est des cœurs endurcis, devenus
par là incapables de toute instruction, qu'aucun motif ne
saurait émouvoir, qu'aucune vérité ne peut réveiller de leur
assoupissement. — On ne peut douter que les pôles ne soient
couverts d'une coupole de glaces. — Plus les hommes sont
médiocres, plus ils mettent de soin à s'associer. — La Phèdre
de Racine, qu'on dénigrait tant, n'était rien de moins qu'un
chef-d'œuvre. — Les hommes ne sont rien moins que sages.
— Mes parents ne désespèrent pas que je ne devienne fort
riche un jour. — La beauté bien souvent plaît moins que les
manières ne nous charment. — On ne peut douter que les
Grecs ne connussent eux-mêmes l'agriculture, et qu'ils
ont été dans la nécessité de la cultiver. — Plus les causes
physiques portent les hommes au repos, plus les causes mo-
rales les en doivent éloigner. — Après les yeux, les parties
du visage qui contribuent le plus à marquer la physionomie
n'aient les sourcils. — Un adulateur ingénieux ne manquera
pas de vous louer par le titre qui vous chatouille le plus. — On
ne saurait nier qu'on n'apprenne bien des choses quand on
voyage. — L'homme vain méprise les talents qu'il n'a pas;
et s'il n'en a aucun, il les méprise tous. — Il serait difficile
désormais qu'il s'élève des génies nouveaux, à moins que
d'autres mœurs, une autre sorte de gouvernement ne donnent
un nouveau tour aux esprits. — Louis XI était pire que Tibère. — Je marche, je dors, je bois et mange comme les
autres, mais cela n'empêche pas que je ne sois fort malade.
— En s'approchant des plus grands hommes, on s'étonne de

les trouver si petits. — Sois meilleur, et tu seras plus heureux. — Rendons grâces à celui qui nous nuit de ce qu'il ne fait pas pis. s'il le peut. — Les enfants sont bien plus pénétrants qu'on ne le pense. — L'imagination nous trompe toujours, en nous montrant tout meilleur ou pire que ce n'est. — Pour être philosophe, il ne suffit pas d'en usurper le nom; il faut le justifier par les vertus autant que par les lumières. — Quoique, chez les anciens, les manuscrits fussent fort rares et fort chers, cela n'empêchait pas qu'il n'y eût des bibliothèques immenses. — Raoul, comte d'Eu et de Guignes, accusé d'intelligence avec les Anglais, est décapité, sans qu'on observe les formes de procédure. — La condition des hommes serait pire que celle des bêtes, si la solide philosophie et la religion ne les soutenaient. — Comme je l'avais offensé, il ne voulut pas me pardonner, à moins que je ne lui fisse une rétractation. — Chacun dit du bien de son cœur, et personne n'ose en dire de son esprit. — Nul ne peut être heureux, s'il ne jouit de sa propre estime. — Le politique rempli de vues et de réflexions ne sait se gouverner. — Point de vraies tragédies sans grandes passions — Il est dangereux que la vanité n'étouffe une partie de la reconnaissance. — Plus on a étudié la nature, plus on a connu son auteur. — Quand j'étais au catéchisme, on m'interrogeait rarement, de crainte que je ne susse ma leçon. — Les préjugés naissent, croissent insensiblement, et s'établissent sans qu'on en ait aperçu les progrès. — Un amant toujours rebuté par sa maîtresse l'est toujours aussi par le spectateur, à moins qu'il ne respire la fureur de la vengeance. — Qu'y a-t-il de meilleur que la langue? Qu'y a-t-il de pire? — La crainte de faire des ingrats ne doit pas empêcher que vous ne fassiez le bien. — Un juge partial est pire qu'un bourreau. — On montre moins de l'esprit que peu de jugement, en voulant disputer sur tout. — Le trop grand désir de se justifier nuit souvent plus qu'il ne sert. — Il n'est rien que l'homme donne aussi libéralement que ses conseils. — L'âne est de son naturel aussi humble, aussi patient, aussi tranquille que le cheval est fier, ardent, impétueux. — Tu ne feras jamais rien de mieux que le bien. — Il n'y a pas d'homme qui n'ait une si bonne et si mauvaise qualité qu'on ne puisse l'estimer ou le mépriser, si l'on ne considère que l'une d'elles — Ne faites point attendre le bienfait : c'est donner deux fois que de donner tout de suite. — Il y a dans l'hypocrisie autant de folie que de vice; il est aussi facile d'être honnête homme que de le paraître. — On n'est jamais si ridicule par les qualités que l'on a que par celles qu'on affecte d'avoir. — Il n'est rien de si beau que la sincérité. — Nous sommes si aveugles que nous ne savons quand nous devons nous affliger ou nous réjouir. — Un conquérant, enivré de sa gloire, ruine presque autant sa nation victorieuse que les nations vaincues. — O heureuses les sociétés des hommes, si elles avaient autant de sagesse que celles des abeilles! — L'esprit contracte aussi facilement l'habitude de la paresse que le corps. — L'orgueil est un mendiant insatiable, qui crie aussi haut que le besoin, et qui est plus insatiable. — On n'est pas au comble du malheur tant qu'il reste quelque lueur d'espérance. — Il faut aimer le don de Dieu autant que Dieu même. — Je ne sais lequel de ces deux exemples nous devons admirer le plus. — Un athée qui serait raisonneur et puissant serait un fléau aussi funeste qu'un superstitieux sanguinaire. — C'est un usage superstitieux autant que barbare que les empereurs de Maroc soient les premiers bourreaux de leur pays. — Mon supplice est injuste autant qu'épouvantable.

PREMIÈRE ANALYSE.

Analyse logique.

Plus les devoirs sont étendus, plus il faut faire d'efforts pour les remplir.	Sujet: les devoirs; attr. : sont étendus plus. Sujet : il (cela) faire d'efforts plus pour les remplir; attr. : faut (est besoin).
Tant pis si vous êtes tristes; tant mieux si vous êtes gai.	*Si*, proposition implicite dont la construction pleine est : Sujet : je; attr. : suppose le fait suivant : Sujet : vous; attr. : êtes triste. Sujet. : (cela); attr. : (est) tant pis. Sujet : je ; attr. : suppose le fait suivant : Sujet : vous; attr. : êtes gai. Sujet : (cela); attr. : (est) tant mieux.

On voit que cette phrase ne peut être analysée en moins de six propositions : deux implicites, deux relatives explicatives, et deux principales. Observons ici que le discours ne contient jamais que trois espèces de propositions : absolue, principale et relative ; que toute proposition sous la dépendance d'une conjonction est toujours explicative, et que celle qui s'y rapporte est la principale.

Je serai mort avant que je me sois aperçu que je devais mourir.	Sujet : je ; attr : serai mort avant (ce fait). Sujet : (je) ; attr. : (vais dire) lequel. Sujet : je ; attr. : aie aperçu moi (de cette chose). Sujet : (je) ; attr. : (vais dire) laquelle.. Sujet : je ; attr. : devais mourir.

L'analyse nous fait voir que la phrase contient cinq propositions : la première principale et toutes les autres relatives, par cela même qu'elles se trouvent sous la dépendance des deux conjonctions *que*. On voit de plus que ces conjonctions ne sont pas autre chose que des pronoms relatifs qui, dans l'analyse, se transforment en *lequel* ou *laquelle :* que ce sont des anneaux qui joignent les propositions, et que c'est pour cette raison qu'on les a appelés conjonctions.

Il est des cœurs endurcis, devenus par là incapables de toute instruction, qu'aucun motif ne saurait émouvoir, qu'aucune vérité ne peut réveiller de leur assoupissement.	Sujet : il (cela) des cœurs endurcis, devenus par là incapables de toutes instruction ; attr. : est. Sujet : aucun motif ; attr. : saurait pas émouvoir lesquels. Sujet : aucune vérité ; attr. : peut pas réveiller lesquels de leur assoupissement.

La période se compose de trois propositions : la première principale, et les deux autres incidentes explicatives, séparées par conséquent par des virgules. Le pronom impersonnel *il* n'est autre chose que *l'illud* des Latins, signifiant *cela ;* il est comme le doigt indicateur des mots qui suivent, et qui le qualifient par conséquent.

On ne peut douter que les pôles ne soient couverts d'une coupole de glaces.	Sujet : on ; attr. : peut pas douter (de ce fait). Sujet : je ; att. : (vais dire) lequel. Sujet : les pôles ; attr. : soient pas couverts d'une coupole de glaces.

On voit donc que la conjonction *que* est l'élément d'une proposition incidente, de l'attribut de laquelle il fait partie, et qui lie les deux autres propositions dont la première est principale, et la dernière relative.

DEUXIÈME ANALYSE.

Analyse des sujets, des attributs et des compléments.

Plus les devoirs sont étendus, plus il faut faire d'efforts pour les remplir.

Les devoirs, suj. s. et incompl.;
sont étendus plus, attr. compl.;
étendus, c. mod. de *devoirs*;
plus, c. inv., mod. et adv. de *étendus*;
il (*cela*) *faire d'efforts plus pour les remplir*, suj. s. et compl.;
faire d'efforts, etc., c. qual. et com. de *il* (*cela*);
d'efforts, c. dir. et part. de *faire*;
efforts c. dir. de la prép. *de*;
plus, c. inv. et adv. de *faire*;
pour les remplir, c. ind., circ. et compl. de *faire d'efforts*. Le complément est cisconstanciel quand il répond à la question *pourquoi?*
les remplir, c. dir. et compl. de *pour*;
les pour *eux*, c. dir. et inv. de *remplir*.

Tant pis si vous êtes triste; tant mieux si vous êtes gai.

(*Cela*), suj. s. et incomp., sous ent.;
(*est*) *tant pis*, att. s.; compl. et ellip.;
si, prep. impl., dont la construction pleine est: *je suppose le fait suivant*;
vous, suj. s. et incompl.;
êtes triste, att. s. et incompl.;
triste, c. mod. de *vous*;
(*cela*), suj. s. et incompl., sous-ent.;
(*est*) *tant mieux*, att. s., ellipt. et compl.;
si, prop. impl. équivalant à: *je suppose le fait suivant*:
vous, suj. s. et incompl.;

Je serai mort avant que je me sois aperçu que je devais mourir.

êtes gai, att. s. et incomp.;

gai, c. mod. de *vous*.

Je suj. s. et incompl.;

serai mort. att. s. et compl., par la proposition suivante ;

avant que, prop. impli. équivalant à celle-ci : *avant cette chose que je vais dire* ;

je, suj. s. et incompl.;

aie aperçu moi (de cette chose), att. s. compl. et ellipt.;

me pour *moi*. compl. dir. de *aperçu*;

que, prop. imp. dont la construction p eine est : *je vais dire laquelle;*

je, suj. s. et incompl.;

devais mourir, att. s. et compl.;

mourir, c. dir. de *devais*.

Il est des cœurs endurcis devenus par là incapables de toute instruction, qu'aucun motif ne saurait émouvoir, qu'aucune vérité ne peut réveiller de leur assoupissement.

Il (cela) des cœurs endurcis. devenus par là incapables de toute instruction, suj. s. et compl.;

des cœurs endurcis, etc., c. explicatif et partitif de *il (cela)*;

endurcis, c. mod. de *cœurs*;

devenus par là incapables de toute instruction, c. mod. et compl. de *cœurs;*

par là, c. ind. de *devenus;*

là, c. dir. de la prép *par;*

incapables de toute instruction, c. mod. et compl. de *cœurs;*

de toute instruction, c. ind. de *incapables;*

toute instruction, c. dir. de la prop. *de*, et ind. de *incapables:*

est. att. s. et incompl.;

aucun motif. suj. s. et incompl.;

saurait émouvoir lesquels, att. s. et comp..

émouvoir lesquels, c. dir. et compl. de *ne saurait;*

que pour *lesquels*, c. dir. de *émouvoir:*

aucune vérité, suj. s. et incompl.;

peut pas réveiller lesquels de leur assoupissement, att. s. et compl.;

réveiller lesquels de leur assoupissement, c. dir. et compl. de *ne peut pas*;

que pour *lesquels*, c. dir. de *réveiller*;

leur assoupissement, c. dir. de la prép. *de*.

On ne peut douter que les pôles ne soient couverts d'une coupole de glaces.

On, suj. s. et incompl.;

peut pas douter (*de ce fait*), att. s., c. et ellip.;

douter, c. dir. de *peut*;

que, prop. impl., équival. à : *je vais dire lequel*;

les pôles, suj. s. et incompl.;

soient pas couverts d'une coupole de glaces, att. s. et compl.;

couverts, etc., c. mod. et compl. de *pôles*;

d'une coupole de glaces, c. ind. et compl. de *couverts*;

une coupole, etc., c. dir. et compl. de la prép. *de*;

de glaces, c. ind. de *coupole*;

glaces, c. dir. de la prép. *de*.

TROISIÈME ANALYSE.

Analyse grammaticale.

Plus les devoirs sont étendus, plus il faut faire d'efforts pour les remplir.

Plus, adv. de comp. qui modifie, par inver. *étendus*; *les*, art. s. m. pl. dét. *devoirs*; *devoirs*, s. com. m. pl., suj. de *sont étendus*; *sont étendus*, 3e pers. pl. du prés. de l'ind. du v. *être entendu*; *plus*, adv. de comp., modifiant, par inv. *faire d'efforts*; *il*, pron. imp. de la 3e pers. du sing., suj. de faut : *faut*, 3e pers. du s. du prés. de l'ind. du v. imper. défectif et irr. *falloir*, 3e conj. ; *faire*, inf. prés. du v. actif et irrég. *faire*, 4e conj., compl. explicatif de *il* ; *d'efforts* pour de *efforts* ; *de*, pr. ; *efforts*, subst. c. m. pl., compl. dir. de la prep. *de*, et ind. de *faire*, dont le véritable rég. est sous-ent. A la rigueur, on peut bien considérer *d'efforts*, comme rég. dir. de *faire* ; mais ce ne peut être alors qu'un rég. dir. partitif et ellipt., puisque tout mot sous la dépendance d'une prép. est le rég. dir. de cette pr. ; *pour*, prép. : *les*, pr. pers. m pl., rég. dir. e inv. de *remplir* ; *remplir*, inf. prés. du v. act. et rég. *remplir*, 2e conj.

Tant pis si vous êtes triste ; tant mieux si vous êtes gai.

Tant, adv. de comp., qui mod. l'adv. de comp. *pis* ; *si*, conj. ; *vous*, pron. pers. de la 2e pers du pl., suj. de *êtes* ; *êtes*, 2e pers. du pl. du prés. de l'ind. du v. subs. et irrég. *être*, 4e conj. ; *triste*, adj. qual. m. s. c mpl. qual. de *vous* ; *tant*, adv. de comp. mod. *mieux* ; *si*, conj. : *vous*, pr. pers. de la 2e pers du pl., suj de *êtes* ; *êtes*, 2e pers. du pl. du prés. de l'ind. du v. subs. et irreg. *être*, 4e c. ; *gai*, adj. qual. m. s. qual. *vous*.

PRÉPOSITIONS.

(Analyser logiquement et grammaticalement les phrases suivantes.)

Dans toute l'Afrique, dans tout le continent oriental, les bœufs sont bossus, parce qu'ils ont porté de tout temps des fardeaux sur leurs épaules. — Les jeunes veaux sauvages, que l'on enlève à leur mère, aux Indes et en Afrique, deviennent en très-peu de temps aussi doux que ceux qui sont issus de races domestiques. — Nous avons beau enfler nos conceptions, nous n'enfantons que des atômes au prix de la réalité des choses. — La femme est l'amie naturelle de l'homme, et toute autre amitié est faible ou suspecte auprès de celle-là. — Que sont les peines du corps auprès des tourments de l'âme! Quel feu peut être comparé au feu des remords! — On a pris aux Allemands sept à huit cents hommes. — Je suis étonné de voir jusques à sept ou huit personnes se rassembler sous un même toit. Les deux jeunes bergères voyaient à dix pas d'elles cinq ou six chèvres. — Les chevaux de Perse sont si bons marcheurs qu'ils font très-aisément sept à huit lieues de chemin sans s'arrêter. — En Irlande, en Angleterre, en Hollande, en Suisse, on sale et on fume la chair du bœuf en grande quantité. — Le grand danois transporté en Irlande, en Ukraine, en Tartarie, en Épire, en Albanie, est devenu chien d'Irlande, et c'est le plus grand de tous les chiens. — Le roi marche incertain sans escorte et sans guide. — Nul n'aura de l'esprit hors nous et nos amis. — La vérité, nonobstant le préjugé, l'erreur et le mensonge, se fait jour et perce à la fin. — Dieu ne déclare pas tous les jours sa volonté par ses prophètes touchant les monarchies qu'il élève ou qu'il détruit. — Aurez-vous le cœur assez dur pour être inexorable à votre roi et à tous vos plus tendres amis ? — On passe pour un monstre quand on manque de reconnaissance pour son père ou pour un ami de qui on a reçu quelques secours. — Tous les ouvrages de l'homme sont vils et grossiers auprès des moindres ouvrages de la nature, auprès d'un brin d'herbe, de l'œil d'une mouche. — L'éloquence est un art très-sérieux, destiné à instruire, à réprimer les passions, corriger les mœurs, à soutenir les lois, à diriger les délibérations publiques, à rendre les hommes bons et heureux. — Le marché, lorsque nos gens le visitèrent, leur sembla bien approvisionné en taureaux, vaches, moutons, chèvres et volailles.

MODÈLES

PREMIÈRE ANALYSE.

Analyse logique.

Dans toute l'Afrique, dans tout le continent oriental, les bœufs sont bossus, parce qu'ils ont porté de tout temps des fardeaux sur leurs épaules.

Sujet : les bœufs, dans toute l'Afrique, dans tout le continent ; att. : sont bossus.

Parce que, proposition implicite qu doit être analysée ainsi : *Par ce fai que je vais expliquer.*

Sujet : ils ; att. : ont porté de tout temps des fardeaux sur leurs épaules.

La proposition implicite lie donc deux propositions dont la première est la principale, et la troisième l'explicative. Qu'on ne perde pas de vue que l'explicative est toujours celle qui est sous la dépendance d'une conjonction. Avons-nous besoin de dire que *parce que* est conjonction ?

Les jeunes veaux sauvages, que l'on enlève à leur mère, aux Indes et en Afrique, deviennent en très-peu de temps aussi doux que ceux qui sont issus de races domestiques.

Sujet : les jeunes veaux sauvages ; att. : deviennent aussi doux.

Que, proposition implicite dont la construction pleine est : *En comparaison du fait que je vais expliquer.*

Sujet : ceux-(là) ; att. : deviennent doux.

Sujet : qui ; attr. : sont issus de races domestiques.

Sujet : on ; attr. : enlève lesquels à leur mère aux Indes et en Afrique.

Cette période se compose donc de cinq propositions : la première est principale, la seconde implicite, et les trois autres relatives. Dans toute comparaison il est à remarquer que la relative est toujours la seconde, c'est-à-dire celle qui se trouve sous la dépendance de la conjonction *que*.

Nous avons beau enfler nos conceptions, nous n'enfantons que des atômes au prix de la réalité des choses.

Sujet : nous ; attr. : avons (ce mode, ce moyen) beau enfler nos conceptions ;

Sujet : (nous) ; att. : enfantons pas (autre chose).

Que, proposition implicite, dont l'analyse est : *En comparaison de ce que je vais dire.*

> Sujet : (nous) ; attr. : (enfantons) des atômes au prix de la réalité des choses.

Que n'a-t-on pas dit sur le gallicisme *avoir beau*, qui est resté jusqu'à présent inexplicable et inexpliqué ? Sans rappeler ici ce qu'en disent tous les grammairiens, bornons-nous à dire que *beau* est un adjectif ; que, par conséquent, tout adjectif qualifie un substantif exprimé ou sous-entendu ; que ce substantif, dans la phrase citée, ne nous paraît pas être autre que l'un des mots *mode, moyen, chemin, terrain.* Quand à *ne que*, on voit qu'il est essentiellement comparatif, et qu'il forme dans l'analyse deux propositions dont la première est la principale, et la seconde la relative.

La femme est l'amie naturelle de l'homme, et toute autre amitié est faible ou suspecte auprès de celle-là.

> Sujet : la femme ; att. : est l'amie naturelle de l'homme.
>
> *Et*, proposition implicite, dont l'analyse est : *J'ajoute la chose suivante :*
>
> Sujet : toute autre amitié ; attr. : est faible ou suspecte auprès de celle-là.

DEUXIÈME ANALYSE.

Analyse des sujets, des attributs et des compléments.

Dans toute l'Afrique, dans tout le continent oriental, les bœufs sont bossus, parce qu'ils ont porté de tout temps des fardeaux sur leurs épaules.

> *Les bœufs* (nés) *dans toute l'Afrique, dans tous le continent oriental,* suj. s. et compl. ;
> *dans toute l'Afrique,* etc., c. ind. de *nés,* s. us ent. ;
> *toute l'Afrique, tout le continent oriental,* c. dir. de la prép. *dans* ;
> *oriental,* c. n od. de *continent* ;
> *sont bossus,* att. s. et incon plexe ;
> *bossus,* c. n od. de *bœufs* ;
> *parce que,* pré. in pl., dont l'analyse est : *par ce fait que je vais dire* ;
> *ils,* suj. s. et inc. ;
> *ont porté de tout temps des fardeaux sur leurs épaules,* att. s. etc. ;

de tout temps, c. ind. et circons. de *porté* ;

tout temps, c. dir. de la pré. *de* ;

des fardeaux, c. dir. et partitif de *porté* :

sur leurs épaules, c. ind. de *porté*,

leurs épaules, c. dir. de la pré. *sur* ;

Les jeunes veaux sauvages, que l'on enlève à leur mère, aux Indes et en Afrique, deviennent en très-peu de temps aussi doux que ceux qui sont issus de races domestiques.

Les jeunes veaux sauvages, suj. s. et compl. ;

jeunes, sauvages, c. mod. de *veaux* ;

deviennent en très-peu de temps aussi doux, att. s. et c. ;

que, prop. im... dont la construction ple... est : *en comparaison du fait que je vais énoncer* ;

ceux-(là) suj. s. et inc. ;

(deviennent doux), att. s. et inc., sous-entend. ;

qui, suj. s. et inc. ;

sont issus de races domestiques, att. sim. et c. ;

on, suj. s. et inc. :

enlève lesquels à leur mère, att. s. et compl. :

que pour *lesquels*, c. dir. de *enlève* :

à leur mère, c. ind. de *enlève* ;

aux Indes et en Afrique, c. ind. et circons. de *enlève* ;

Nous avons beau enfler nos conceptions, nous n'enfantons que des atômes au prix de la réalité des choses.

Nous, suj. s. et inc. ;

avons beau enfler nos conceptions, att. s. et c. ;

enfler nos conceptions, compl. dir. et c. de *avons beau* ;

nos conceptions, c. dir. de *enfler* ;

nous, suj. s. et incom. :

enfantons pas (autre chose), att. s. et ellip..

que prop. impl., équivalant à : *je vais dire quoi* ;

(nous), suj. s. sous-ent. ;

(enfantons) des atômes, att. s. et ell. ;

des atômes, c. dir. et part. de *enfantons* ;

au prix de la réalité des choses, c.
ind. et compl. *de enfantons :*
de la réalité des choses, c. ind. de
prix ;
des choses, c. ind. de *réalité.*

La femme est l'amie
naturelle de l'homme, et
toute autre amitié est
faible ou suspecte auprès
de celle-là.

La femme suj. s. et incompl. :
est l'amie naturelle de l'homme,
att. s. et compl. ;
naturelle, c. mod. de *l'amie :*
de l'homme, c. ind. de *l'amie natu-*
relle ;
l'homme, c. dir. de la pré. *de ;*
et. *(re. impl., dont l'analyse est :*
j'ajoute le fait suivant :
toute autre amitié. suj. s et incomp :
est faible ou suspecte auprès de
celle-là. att. s. et compl. ;
faible. suspecte, c. mod. de *toute*
autre amitié ;
auprès de celle-là, c. ind. d. *faible*
ou suspecte ;
celle là c. dir. de la loc. prép.
tive *auprès de.*

TROISIÈME ANALYSE.

Analyse grammaticale.

Dans toute l'Afrique,
dans tout le continent
oriental, les bœufs sont
bossus, parce qu'ils ont
porté de tout temps des
fardeaux sur leurs épau-
les.

Dans, prép.; *toute*, adj. indé. f.
s., déterm. *l'Afrique*; *l'Afrique*
pour *la Afrique*; *la*, art. s. f.
sing., déterm. *Afrique*; *Afrique,*
nom ro. de contre, f. s., compl.
dir. de la pré. *dans*; *dans*, pré.:
tout, adj. indéf. m. s., déterm.
le continent : *le*, art. s. m. sing.,
déterm. *continent*; *continent,*
subs. comm. n. s., compl. dir.
de la pré. *dans*; *oriental.* adj.
qual. m. s., qual. *continent*; *les*
art. s m. pl. déter: *bœufs*; *bœufs,*
sul s. com. m. pl. suj. de *sont*;
sont, 3e pers. du pl. du pr. de
l'ind. du v. subs. et irr. *être,* 4e
conj.; *bossus*. adj. qual m. pl.,
qual. *bœufs*; *parce que*, conj.;

ils, pron. pers. de la 3e per. pl., suj. de *ont porté*; *ont porté*, 3e per. du pl. du passé indéf. du v. actif et rég. *porter*, 1re conj.; *de*, pré.; *tout*, adj. indéf. m. s., déterm. *temps*; *temps*, subs. comm. m. s., comp. dir. de la prép. *de*; *des*, art. com. m. pl., déter. *fardeaux*; *fardeaux*, subs. com. m. pl, compl. dir. et partitif de *ont porté*; *sur*, prép.; *leurs*, adj. poss. f. s., déterm. *épaules*; *épaules*, sub. com. f. pl., compl. dir. de la pré. *sur*.

CONJONCTIONS.

(Analyser logiquement et grammaticalement les propositions suivantes.)

Le maréchal avait représenté au roi qu'il fallait aller aux ennemis, en cas qu'ils parussent pour secourir Turin. — Il faudra prévenir M. du Peyron de votre voyage, au cas qu'il ait quelque chose à m'envoyer. — Ceux qui ont leur fétiche avec eux, soit qu'il le porte aux jambes ou aux bras, l'arrosent d'un peu de vin. — Avant de commencer la guerre, les sages peuvent s'y opposer; mais dès qu'elle est déclarée, soit qu'on la trouve juste ou injuste, il ne doit plus exister qu'une volonté; chaque citoyen se doit tout entier à sa patrie. — La fortune, soit bonne ou mauvaise, soit passagère ou constante, ne peut rien sur l'âme du sage. — Les richesses engendrent le faste et la mollesse, qui ne sont point des enfants bâtards; mais leurs vraies et légitimes productions. — On trouve des moyens pour guérir de la folie; mais on n'en trouve pas pour redresser un esprit de travers. — Le flambeau de la critique ne doit pas brûler, mais éclairer. — Ce n'est pas le mot d'inquisition qui nous fait peur, mais la chose même. — Le premier de nos devoirs est d'être homme, mais le second est d'être citoyen. — Quel était le vrai roi, ou de celui qui n'en avait que le droit et le nom, ou de celui qui en avait l'autorité et le mérite. — L'on ne savait lequel des deux était le plus habile ou de Mazarin, ou de don Louis de Haro. — Ou lui ou moi nous irons à Hispahan. — Celui-là se présente à vous par coutume ou par bienséance. — Le roi, l'âne ou moi nous mourrons. — C'est parce que les animaux ne peuvent joindre ensemble aucune idée, qu'ils ne pensent ni ne parlent ; c'est par la même raison qu'ils n'inventent ni ne perfectionnent rien. — Les pythagoriciens étaient si rigoureux qu'ils ne parlaient ni ne témoignaient par aucun signe leurs sentiments intérieurs. — Tarquin prit la couronne, sans être élu par le sénat ni par le peuple. — Sans les lois et sans les magistrats qui les font exécuter, que deviendrait le genre humain ! — Dans les rêves, les sensations se succèdent sans que l'âme les compare et les réunisse. — On n'est jamais si heureux ni si malheureux qu'on se l'imagine. — On ne trouve point dans les humains ni les vertus ni les talents qu'on y cherche. — Ils n'étaient point touchés ni de sa vertu ni de sa beauté. — D'erreurs ni d'intérêts ne sont-ils susceptibles ? — Nous n'avons point de cœur pour aimer ni haïr. — Ces heureux pasteurs ne connaissent ni la richesse ni ses dons pernicieux. — L'intérêt met en œuvre toutes sortes de vertus et de vices. — On peut assurer que Mazarin était sage, souple et avide de biens.

MODÈLES

PREMIÈRE ANALYSE.

Analyse logique.

Le maréchal avait représenté au roi qu'il fallait aller aux ennemis, en cas qu'ils parussent pour secourir Turin.	Sujet : le maréchal ; **att.** : avait représenté au roi *Que*, proposition implicite, dont l'analyse est : *Cette chose que je vais dire :* Sujet : il (cela) : aller aux ennemis en cas ; att. : fallait (était besoin, était nécessaire). Sujet : ils ; att. : parussent pour secourir Turin dans lequel cas.
Il faudra prévenir M. du Peyron de votre voyage, au cas qu'il ait quelque chose à m'envoyer.	Sujet : il (cela) : prévenir M. du Peyron de votre voyage ; att. : faudra (sera nécessaire) au cas Sujet : il ; att. : ait quelque chose à m'envoyer dans lequel cas.

Notre analyse démontre bien qu'il y a deux propositions : la première prin-cipale, la seconde relative, explicative ; que notre *il* n'est encore une fois que l'*illud* des Latins, signifiant *cela* ; et que *faudra* veut dire *sera besoin, sera néces-saire.* Elle fait voir encore la véritable place et le véritable office de chaque mot.

Ceux qui ont leur fétiche avec eux, soit qu'ils le portent aux jambes ou aux bras, l'ar-rosent d'un peu de vin.	Sujet : ceux-(là) ; att. : arro-sent lui d'un peu de vin. Sujet : qui ; att. : ont leur fé-tiche avec eux.

Soit que, proposition implicite, dont l'analyse est : *Supposé cette chose que je vais dire :*

Sujet : ils ; att. : portent lui aux jambes ou aux bras.

On voit par cette analyse qu'il y a quatre propositions : la première prin-cipale, la seconde incidente déterminative, la troisième implicite et la qua-trième explicative, par cela même qu'elle est sous la dépendance de la con-jonction *soit que* ; que lorsque *ceux* est immédiatement suivi de *qui*, on peut sous-entendre *là*, qu'il faut rétablir quand ces pronoms se trouvent séparés.

DEUXIÈME ANALYSE.

Analyse des sujets, des attributs et des compléments.

Le maréchal avait re-présenté au roi qu'il fallait aller aux ennemis en cas qu'ils parussent pour secourir Turin.	*Le maréchal,* suj. s. et incompl. ; *avait représenté au roi,* att. s et c. ; *au roi,* c. ind. de *représenté ;* *roi,* c. dir. de la prép. *à* contenue dans *au ;* *que* prop. implicite, dont l'analyse est : *cette chose que je vais dire ;* *il (cela) aller aux ennemis,* suj. s. et compl. ; *aller aux ennemis,* c. qual. et compl. de *il ;* *aux ennemis,* c. ind de *aller ;* *ennemis,* c. dir. de la prép. *à ;* *fallait en cas,* att. s. et compl. ; *en cas,* c. ind. de *fallait ;* *cas,* c. dir. de la prep. *en ;* *ils,* suj. s. et incompl. ; *parussent pour soutenir Turin, dans lequel (cas),* att. s. et compl. ;

pour secourir Turin, etc., c. ind.
et compl. de *parussent* ;
secourir, etc., c. dir. et compl. de
pour ;
Turin c. dir. de *secourir* ;
que pour dans lequel cas, c. indir.
et inv. de *secourir*.

Il faudra prévenir M. du Peyron de votre voyage, au cas qu'il ait quelque chose à m'envoyer.

Il (cela), prévenir M. du Peyron de
votre voyage, suj. s. et compl. ;
prévenir, etc., c. qual. de *il* ;
M. du Peyron, c. dir. de *prévenir* ;
de votre voyage c. ind. de *prévenir* ;
votre voyage, c. dir. de la prép. *de* ;
faudra (sera nécessaire) au cas,
att. s et compl. ;
au cas c. ind. de *faudra* ;
cas, c. dir. de la prép. *à* contenue
dans *au* ;
il suj. s et incompl. ;
ait quelque chose à m'envoyer,
att. s. et comp. ;
quelque chose à m'envoyer, c. dir.
e comp. de *ait* ;
à m'envoyer, c. ind. de *quelque
chose* ;
m'envoyer, c. dir. de la prép. *à* ;
me pour à moi, c. ind. de *envoyer*.

Ceux qui ont leur fétiche avec eux, soit qu'ils le portent aux jambes ou aux bras, l'arrosent d'un peu de vin.

Ceux-(là), suj. s. et incompl. ;
arrosent lui d'un peu de vin, att. s.
et compl. ;
le pour lui, c. dir. et inv. de *arrosent* ;
d'un peu de vin, c. ind. et compl.
de *arrosent* ;
un peu de vin, c. dir. et compl.
de la prép. *de* ;
vin c. dir. de l'adv. de quantité
un peu de ;
qui suj. s. et incompl. ;
ont leur fétiche avec eux, att. s.
et c. ;
leur fétiche, c. dir. de *ont* ;
avec eux, c. ind. de *ont* ;

eux, c. dir. de la prép. *avec* ;

soit que, prop. implicite, dont l'analyse est : *je suppose le fait que je vais dire* ;

ils, suj. s. et incompl. ;

portent lui aux jambes ou aux bras, att. s. et compl. ;

le pour *lui*, c. dir. et inv. de *portent* ;

aux jambes ou aux bras, c. ind. et compos. de *portent* ;

jambes, bras, c. dir. de la prép. *à* renfermée dans *aux*.

TROISIÈME ANALYSE.

Analyse grammaticale.

Le maréchal avait représenté au roi qu'il fallait aller aux ennemis, en cas qu'ils parussent pour secourir Turin.

Le, art. sim. m. s., déterm. *maréchal* ; *maréchal*, subs. com. m. s., sujet de *avait représenté* ; *avait représenté*, 3e per. du s. du plus-que-parfait de l'ind. du v. actif et rég. *représenter*, 1re conj. ; *au* art. com. m. s., déterm. *roi* ; *roi*, sub. com. m. s., compl. ind. de *représenté*, et dir. de la prép. *à* contenue dans *au* ; *qu'il* pour *que il* ; *que*, conj. ; *il*, pron. impers. m s., suj. de *fallait* ; *fallait*, 3e per. du sing. de l'imp. de l'ind. du v. im. irré. et défectif *falloir*. 3e conj. ; *aller*, infinitif prés. du v. neutre et irrég. *aller*. 1re conj., qualific. et explicatif *il* ; *aux*, art. compos. m. pl., déterm. *ennemis* ; *ennemis*, sub. com. m. pl., compl. ind. de *aller*, et dir. de la prép. *à* renfermée dans *aux* ; *en cas que*, loc. conjonc. qui gouverne le subj. ; *ils*, pro. pers. de la 3e

pers. du pl., sujet de *parussent* ;
parussent, 3e pers. du pl. de
l'impar. du sub. du v. neutre et
irrég. *paraître*, 4e conj.; *pour*,
prép. ; *secourir*, infinitif pr. du v.
act. f et irrég *secourir*, 2e conj.,
compl. dir. de la prép. *pour* ;
Turin, nom pro. de ville. c. dir.
de *secourir*.

INTERJECTIONS.

*(Faire l'analyse logique et l'analyse grammaticale
des phrases suivantes.)*

Ouais! vous êtes bien obstinée, ma femme. — C'est une comédie nouvelle; quelque drame encore; quelque sottise d'un nouveau genre — Je n'en sais rien. — Heu! heu! les journaux et l'autorité nous en feront raison. — Ah! si les hommes se donnaient des maîtres, ce ne serait ni les plus nobles ni les plus vaillants qu'ils se choisiraient, ce serait les plus humains. — Ha! ha! c'est toi, Colette? — Ah! ah! c'est toi Frosine! que viens-tu faire ici? — O ciel! qui vit jamais une pareille rage! — O perfidie, ô crime, ô douleur éternelle! — Oh! ce n'est pas à vous que je fais des remontrances. — Ho! ho! que fais-tu là? — Ah! Angélique, eh bien! comment suis-je avec elle? — Eh bien! me faudra-t-il attendre encore longtemps? — Hé! la voilà, Monsieur! — Ha! l'homme savant, on vous y prend aussi. — Eh! qui n'a pas pleuré quelque perte cruelle? — Hé bien, madame, hé bien, ils seront satisfaits. — He! hé! d'où vient donc ce plaisant mouvement? — O si la sagesse était visible, de quel amour les hommes s'enflammeraient pour elle! — Oh! qu'il est cruel de n'espérer plus! — Oh! dit-il, qu'est-ceci? ma femme est-elle veuve? — J'ai poussé jusqu'au bout un projet si hardi. — Ho! ho! les grands talents que votre esprit possède! — Hola! monsieur Bobinet, approchez-vous du monde. — Holà! ne pressez pas tant la cadence je ne fais que sortir de maladie. — Hé, la! tout doucement, mon petit. — Juste ciel! qu'entends-je! hen! que dites-vous? — Hen, hen! quand il y aura des accompagnements là-dessus, nous verrons encore, messieurs de la cabale, si je ne sais ce que je dis. — Holà! mes gens, qu'on m'avertisse! — Ho, la, paix! monsieur le grand-prêtre. — Aye! aye! voici monsieur votre père. — Comment nous y prendrons-nous? Hon! Attendez.

MODÈLES

PREMIÈRE ANALYSE.

Analyse logique.

| Ouais! vous êtes bien ob-stinée, ma femme. | *Ouais!* proposition implicite dont l'analyse est : *Je suis bien surpris.*
Sujet : vous, ma femme; att.: êtes bien obstinée. |

DEUXIÈME ANALYSE.

Analyse des sujets, des attributs et des compléments.

| Ouais! vous êtes bien obstinée, ma femme. | *Ouais!* prop. implicite;
vous, suj. s et incompl.;
ma femme. mot mis en apostrophe, et qualific de *vous;*
êtes bien obstinée, att. s. et compl.;
bien. c. adv. de *obstinée;*
obstinée, c. qual. de *vous.* |

TROISIÈME ANALYSE.

Analyse grammaticale

| Ouais! vous êtes bien obstinée, ma femme. | *Ouais!* interj.; *vous,* pro. pers. de la 2e pers. du pl. f. s., sujet de *êtes: êtes,* 2e pers. du pl. du prés. de l'ind. du v. subst. et irrég. *être.* 4e conj.; *bien.* adv. de man. qui modi. *obstinée; obstinée.* adj. qual. f. s., qualific *vous; ma,* adj. poss. f. s. déter. *femme; femme,* subst. com. f. sing., qualificatif de *vous.* |

QUATRIÈNE PARTIE.

FABLES A ANALYSER

LA CIGALE ET LA FOURMI

La cigale ayant chanté
　　　Tout l'été,
Se trouva fort dépourvue
Quand la brise fut venue :
Pas un seul petit morceau
De mouche ou de vermisseau !
Elle alla crier famine
Chez la fourmi sa voisine,
La priant de lui prêter
Quelque grain pour subsister
Jusqu'à la saison nouvelle. —
Je vous paîrai, lui dit-elle,
Avant l'oût, foi d'animal,
Intérêt et principal.
La fourmi n'est pas prêteuse;
C'est là son moindre défaut. —
Que faisiez-vous au temps chaud?
Dit-elle à cette emprunteuse. —
Nuit et jour à tout venant
Je chantais, ne vous déplaise. —
Vous chantiez! j'en suis fort aise.
Eh bien! dansez maintenant.

LE COQ ET LA PERLE

Un jour un coq détourna
Une perle qu'il donna
Au beau premier lapidaire
Je la crois fine, dit-il;
Mais le moindre grain de mil
Serait bien mieux mon affaire.

Un ignorant hérita
D'un manuscrit qu'il porta
Chez son voisin le libraire.
Je crois, dit-il, qu'il est bon ;
Mais le moindre ducaton
Serait bien mieux mon affaire.

LE RAT DE VILLE ET LE RAT DES CHAMPS

Autrefois le rat de ville
Invita le rat des champs,
D'une façon fort civile,
A des reliefs d'ortolans.
    Sur un tapis de Turquie
Le couvert se trouva mis.
Je laisse à penser la vie
Que firent ces deux amis.
    Le régal fut fort honnête ;
Rien ne manquait au festin :
Mais quelqu'un troubla la fête
Pendant qu'ils étaient en train.
    A la porte de la salle
Ils entendirent du bruit :
Le rat de ville détale ;
Son camarade le suit.
    Le bruit cesse, on se retire :
Rats en campagne aussitôt ;
Et le citadin de dire :
Achevons tout notre rôt.
    C'est assez, dit le rustique :
Demain vous viendrez chez moi.
Ce n'est pas que je me pique
De tous vos festins de roi :
    Mais rien ne vient m'interrompre ;
Je mange tout à loisir.
Adieu donc. Fi du plaisir
Que la crainte peut corrompre !

LES DEUX TAUREAUX ET LA GRENOUILLE

Deux taureaux combattaient à qui posséderait
Une génisse avec l'empire.

Une grenouille en soupirait.
Qu'avez-vous? se mit à lui dire
Quelqu'un du peuple coassant.
Eh! ne voyez-vous pas, dit-elle,
Que la fin de cette querelle
Sera l'exil de l'un; que l'autre, le chassant,
Le fera renoncer aux campagnes fleuries?
Il ne règnera plus sur l'herbe des prairies,
Viendra dans nos marais règner sur les roseaux :
Et, nous foulant aux pieds jusques au fond des eaux,
Tantôt l'une, et puis l'autre, il faudra qu'on pâtisse
Du combat qu'a causé madame la génisse.
     Cette crainte était de bon sens.
     L'un des taureaux en leur demeure
     S'alla cacher, à leurs dépens :
     Il en écrasait vingt par heure.

     Hélas! on voit que de tout temps
Les petits ont pâti des sottises des grands.

LE LION ET LE RAT

Il faut, autant qu'on peut, obliger tout le monde :
On a souvent besoin d'un plus petit que soi.
De cette vérité, deux fables feront foi,
     Tant la chose en preuves abonde.
     Entre les pattes d'un lion,
Un rat sortit de terre assez à l'étourdie.
Le roi des animaux, en cette occasion,
Montra ce qu'il était, et lui donna la vie.
     Ce bienfait ne fut pas perdu.
     Quelqu'un aurait-il jamais cru
     Qu'un lion d'un rat eût affaire?
Cependant il advint qu'au sortir des forêts
     Ce lion fut pris dans des rets,
Dont ses rugissements ne le purent défaire.
Sire rat accourut, et fit tant par ses dents,
Qu'une maille rongée emporta tout l'ouvrage.

     Patience et longueur de temps
     Font plus que force ni que rage.

LE LION ABATTU PAR L'HOMME

On exposait une peinture
Où l'artisan avait tracé
Un lion d'immense stature
Par un seul homme terrassé.
Les regardants en tiraient gloire.
Un lion en passant rabattit leur caquet.
Je vois bien, dit-il, qu'en effet
On vous donne ici la victoire :
Mais l'ouvrier vous a déçus ;
Il avait liberté de feindre.
Avec plus de raison nous aurions le dessus,
Si mes confrères savaient peindre.

LE RENARD ET LES RAISINS

Certain renard gascon, d'autres disent normand,
Mourant presque de faim, vit au haut d'une treille
Des raisins, mûrs apparement,
Et couverts d'une peau vermeille.
Le galant en eût fait volontiers un repas.
Mais comme il n'y pouvait atteindre :
Ils sont trop verts, dit-il, et bons pour les goujats.

Fit-il pas mieux que de se plaindre?

LE LION DEVENU VIEUX

Le lion, terreur des forêts,
Chargé d'ans, et pleurant son antique prouesse,
Fut enfin attaqué par ses propres sujets,
Devenus forts par sa faiblesse.
Le cheval s'approchant lui donne un coup de pied,
Le loup un coup de dent, le bœuf un coup de corne
Le malheureux lion, languissant, triste et morne,
Peut à peine rugir, par l'âge estropié.
Il attend son destin sans faire aucunes plaintes.
Quand voyant l'âne même à son antre accourir :
Ah! c'est trop, lui dit-il, je voulais bien mourir ;
Mais c'est mourir deux fois que souffrir tes atteintes!

LE CHAMEAU ET LES BATONS FLOTTANTS

Le premier qui vit un chameau
S'enfuit à cet objet nouveau ;
Le second s'approcha ; le troisième osa faire
Un licou pour le dromadaire.
L'accoutumance ainsi nous rend tout familier :
Ce qui nous paraissait terrible et singulier
S'apprivoise avec notre vue
Quand ce vient à la continue.
Et puisque nous voici tombés sur ce sujet,
On avait mis des gens au guet,
Qui, voyant sur les eaux de loin certain objet,
Ne purent s'empêcher de dire
Que c'était un puissant navire.
Quelques moments après, l'objet devint brûlot,
Et puis nacelle, et puis ballot,
Enfin bâtons flottants sur l'onde.

J'en sais beaucsup de par le monde
A qui ceci conviendrait bien :
De loin, c'est quelque chose ; et de près ce n'est rien.

LE RENARD ET LE BUSTE

Les grands, pour la plupart, sont masques de théâtre ;
Leur apparence impose au vulgaire idolâtre.
L'âne n'en sait juger que par ce qu'il en voit :
Le renard, au contraire, à fond les examine,
Les tourne de tout sens ; et, quand il s'aperçoit
Que leur fait n'est que bonne mine,
Il leur applique un mot qu'un buste de héros
Lui fit dire fort à propos.
C'était un buste creux, et plus grand que nature.
Le renard, en louant l'effort de la sculpture :
« Belle tête, dit-il ; mais de cervelle point. »

Combien de grands seigneurs sont bustes en ce point !

PAROLE DE SOCRATE

Socrate un jour faisant bâtir,
Chacun censurait son ouvrage :

L'un trouvait les dedans, pour ne lui point mentir
Indignes d'un tel personnage ;
L'autre blâmait la face, et tous étaient d'avis
Que les appartements en étaient trop petits.
Quelle maison pour lui ! l'on y tournait à peine.
Plût au ciel que de vrais amis,
Telle qu'elle est, dit-il, elle pût être pleine !

Le bon Socrate avait raison
De trouver pour ceux-là trop grande sa maison.
Chacun se dit ami : mais fou qui s'y repose :
Rien n'est plus commun que ce nom,
Rien n'est plus rare que la chose.

LE SATYRE ET LE PASSANT

Au fond d'un antre sauvage
Un satyre et ses enfants
Allaient manger leur potage
Et prendre l'écuelle aux dents.
On les eût vus sur la mousse,
Lui, sa femme et maint petit ;
Ils n'avaient tapis ni housse,
Mais tous fort bon appétit.
Pour se sauver de la pluie,
Entre un passant morfondu.
Au brouet on le convie :
Il n'était pas attendu.
Son hôte n'eut pas la peine
De le semondre deux fois.
D'abord avec son haleine
Il se réchauffe les doigts ;
Puis sur les mets qu'on lui donne
Délicat, il souffle aussi.
Le satyre s'en étonne :
Notre hôte, à quoi bon ceci ?
L'un refroidit mon potage,
L'autre réchauffe ma main.
Vous pouvez, dit le sauvage,
Reprendre votre chemin :
Ne plaise aux dieux que je couche
Avec vous sous même toit !
Arrière ceux dont la bouche
Souffle le chaud et le froid !

LA POULE AUX ŒUFS D'OR

L'avarice perd tout en voulant tout gagner.
    Je ne veux, pour le témoigner,
Que celui dont la poule, à ce que dit la fable,
    Pondait tous les jours un œuf d'or.
Il crut que dans son corps elle avait un trésor :
Il la tua, l'ouvrit, et la trouva semblable
A celle dont les œufs ne lui rapportaient rien,
S'étant lui-même ôté le plus beau de son bien.

    Belle leçon pour les gens chiches.
Pendant ces derniers temps, combien en a-t-on vus,
Qui, du soir au matin, sont pauvres devenus,
    Pour vouloir trop tôt être riches !

L'ANE VÊTU DE LA PEAU DU LION

De la peau du lion l'âne s'étant vêtu,
    Etait craint partout à la ronde ;
    Et, bien qu'animal sans vertu,
    Il faisait trembler tout le monde.
Un petit bout d'oreille échappé par malheur
    Découvrit la fourbe et l'erreur.
    Martin fit alors son office.
Ceux qui ne savaient pas la ruse et la malice
    S'étonnaient de voir que Martin
    Chassât les lions au moulin.

    Force gens font du bruit en France
Par qui cet apologue est rendu familier.
    Un équipage cavalier
    Fait les trois quarts de leur vaillance.

LE MULET SE VANTANT DE SA GÉNÉALOGIE

Le mulet d'un prélat se piquait de noblesse,
    Et ne parlait incessamment
    Que de sa mère la jument,
    Dont il contait mainte prouesse.
Elle avait fait ceci, puis avait été là.

Son fils prétendait pour cela
Qu'on le dût mettre dans l'histoire.
Il eût cru s'abaisser servant un médecin.
Etant devenu vieux, on le mit au moulin :
Son père l'âne alors lui revint en mémoire.

Quand le malheur ne serait bon
Qu'à mettre un sot à la raison,
Toujours serait-ce à juste cause
Qu'on le dit bon à quelque chose.

MODÈLE

La cigale, ayant chanté tout l'été, se trouva fort dépourvue quand la bise fut venue. Pas un seul petit morceau de mouche ou de vermisseau. Elle alla crier famine chez la fourmi, sa voisine, la priant de lui prêter quelque grain pour subsister jusqu'à la saison nouvelle. Je vous paierai, lui dit-elle, avant l'oût, foi d'animal, intérêt et principal. La fourmi n'est pas prêteuse ; c'est là son moindre défaut.

Que faisiez-vous au temps chaud, dit-elle à cette em-

Sujet : la cigale, ayant chanté tout l'été; at.: trouva soi fort dépourvue dans ce temps ;
Sujet : la bise; att.: fut venue dans lequel temps ;
Sujet : (elle); att. : (avait) pas un seul petit morceau de mouche ou de vermisseau.
Sujet : (elle) est allé crier famine chez la fourmi, sa voisine, priant elle de lui prêter quelque grain pour subsister jusqu'à la saison nouvelle.
Sujet : elle ; att. : dit à elle ;
Sujet : je ; att. : paierai vous avant l'oût intérêt et principal.
Sujet : (je); att: (jure cela sur ma foi) d'animal ;
Sujet : la fourmi; att : est pas prêteuse ;
Sujet : ce (défaut)-là ; att. : est son moindre défaut;
Sujet : elle ; att.: dit à cette emprunteuse;

prunteuse Nuit et jour à tout venant je chantais, ne vous déplaise. Vous chantiez ! j'en suis fort aise. Eh bien ! dansez maintenant.

Sujet : vous ; attr. : faisiez quoi au temps chaud ;

Sujet : je; att. : chantais nuit et jour à tout venant;

Sujet : (je); att. (désire cela);

Sujet : (je); att.: (vais dire quoi) ;

Sujet : (cela); att. : déplais pas à vous ;

Sujet : vous; att. : chantiez ;

Sujet : je; att. : suis fort aise de cela.

Sujet : je; att : dis cela franchement ;

Sujet : (vous); attr. : dansez maintenant.

CINQUIÈME PARTIE

DE LA PONCTUATION.

La ponctuation est l'art de marquer, en écrivant, les différentes pauses de la voix. Elle sert surtout à distinguer chacun des sens partiels dans les divisions et dans les subdivisions du discours. Une bonne ponctuation donne aux personnes qui nous lisent la facilité de nous comprendre.

N° 1.

DE LA VIRGULE (,).

De tous les signes de ponctuation, il n'en est pas qui soit d'un usage aussi fréquent que la virgule. Elle partage les parties similaires, c'est-à-dire que, dans toute énumération, on divise par la virgule ou les substantifs, ou les adjectifs, ou les pronoms, ou les verbes, etc.

Ainsi on emploie la virgule après chacun des sujets d'un même verbe, lorsqu'ils sont placés de suite.

EXEMPLES.

L'âne, le bœuf, le cheval, l'éléphant et le dromadaire étaient poursuivis.	La richesse, le plaisir, la santé, deviennent des maux pour qui ne sait pas en user,

On met également une virgule après chaque adjectif qui concourt à qualifier le même nom dans la phrase.

EXEMPLES.

Les habitants de l'île étaient doux, honnêtes, affables, prévoyants.

Les jeunes chats sont gais, vifs, jolis, et seraient très-propres à amuser les enfants, si les coups de patte n'étaient pas à craindre.

Il se vit bafoué, sifflé, moqué, joué, et par messieurs les paonsplumé d'étrange sorte.

Les Tyriens sont industrieux, patients, laborieux.

Entre plusieurs verbes placés de suite, lorsqu'ils n'ont qu'un seul et même sujet.

EXEMPLES.

Il pleure, hésite, bégaie et tremble.

Vil atome qui croit, doute, dispute, rampe, s'élève, tombe et nie encore sa chute.

Entre plusieurs régimes se rapportant au même verbe.

EXEMPLES.

Il peut régler ses goûts, ses travaux, ses plaisirs.

On y trouve des métaux, des minéraux, des pierres, des bitumes, des sables, etc.

Entre plusieurs phrases courtes qui se suivent rapidement dans le style coupé.

EXEMPLES.

Hâtez-vous, le temps fuit, et l'enfance succombe.

On se menace, on court, l'air gémit, le fer brille.

Les mots en apostrophes se mettent entre deux virgules.

Peuples, obéissez aux lois. O mon Dieu, pardonnez-leur.

Soldats, faites votre devoir. Venez, mon ami, que je vous dise adieu.

On doit mettre entre deux virgules toute réunion de mots et même tout mot qu'on peut retrancher sans dénaturer le sens de la phrase.

La vie, *disait Socrate*, ne doit être que la méditation de la mort.

Il a dit, *on le sait*, que les humains sont frères.

Le temps, *qui fuit sur nos plaisirs*, semble s'arrêter sur nos peines.

L'aimant, *comme un génie tutélaire*, guide les navigateurs au sein des mers.

La virgule s'emploie pour annoncer la suppression d'un verbe sous-entendu.

L'Eubée nous fournit de très-bonnes pommes ; la Phénicie, des dattes ; et Corinthe, des coings dont la douceur égale la beauté.

Le jeu est agréable, et l'étude, utile. Vous apprenez plus vite ; mais lui, plus solidement. J'ai perdu mon temps, et vous, votre argent.

On emploie encore la virgule quand il y a pléonasme, afin de séparer les mots surabondants.

EXEMPLES.

Patrocle et moi, nous irons vous venger.	Et que m'a fait, à moi, cette Troie où je cours?

On ne met de virgule entre deux noms, deux adjectifs ou deux verbes qui sont unis par *et*, *ou*, *ni*, que lorsque ces conjonctions sont répétées plus de deux fois, ou lorsque la première proposition a trop d'étendue.

EXEMPLES.

J'irai aujourd'hui *ou* demain.	Fénélon réunissait à la fois *et* l'esprit, *et* la science, *et* la douceur. *et* la vertu.
Il ne boit *ni* ne mange.	
Il rit *et* il pleure.	Le territoire d'Athènes était un terrain très-sec, qui ne renfermait *ni* courant d'eau, *ni* lac, *ni* même beaucoup de fontaines.
Le sage est ménager du temps *et* des paroles.	
C'est votre père *ou* le mien qui viendra.	
Ce n'est *ni* vous *ni* moi qui serons de cet avis.	Votre père est maintenant à Paris, *ou* ne tardera pas à y arriver.
On voulait qu'il s'en allât ou qu'il fît comme les autres.	Tu n'as point l'air de te faire officier, *ni* courtisan, *ni* financier, *ni* prêtre.

Voici d'autres exemples sur l'emploi de la virgule ; ils serviront à familiariser les élèves avec l'usage de ce signe :

Des perroquets verts, des piverts empourprés, des cardinaux de feu grimpent au haut des cyprès.	lacent au pied de ces arbres, escaladent leurs rameaux et grimpent à l'extrémité des branches.
Les vignes sauvages, les bigonias, les coloquintes s'entre-	Le plus bel objet de l'univers, a dit un philosophe, est un

honnête homme aux prises avec l'adversité.

Fassent les Dieux, s'écria Camille, que mes ingrats concitoyens soient réduits à la nécessité de me rappeler !

Déjà volent en l'air les pierres, les tisons, et la flamme et le fer.

Lorsqu'un marabout passe, le peuple se met à genoux pour recevoir sa bénédiction.

Le bœuf laboure, la fourmi amasse, l'abeille fait son miel, chaque être ici-bas a sa tache à remplir.

Ennemi du mensonge, Turenne résista courageusement aux ordres d'un premier ministre qui voulait lui faire trahir la vérité.

Aussitôt que le kan des tartares a dîné, un héraut crie que tous les princes de la terre peuvent aller prendre leur repas.

La richesse, le plaisir, la santé, deviennent des maux pour qui ne sait pas en user.

DICTÉE

(Rétablir les signes de ponctuation.)

Le tocsin le tocsin qui appelle chaque enfant de la capitale par son nom qui les baptise d'en haut qui les désigne d'en haut qui accompagne leur cortége d'en haut le tocsin alors seule voix qui parle qu'on écoute et qu'on respecte le tocsin roi prêtre chef commandant le tocsin qui n'a jamais marié sa voix aux accents de fêtes ou de triomphes qui a son jour dans les siècles son heure dans les convulsions de la société gamme infernale qui n'a qu'un son qu'une note espèce de sibylle qui se monte sur une église lorsque les portes en sont fermées sur le temple des prêtres lorsque les prêtres sont cachés dans le sanctuaire sur le faîte de la prière lorsqu'il n'y a pour prière que les hurlements du désespoir les cris de l'épouvante ou de la fuite qui n'est ni à César ni à Pompée ni à Satan ni à Jésus-Christ qui écume qui pleure qui crie sans douleur sans remords à froid qui a seul avec Dieu et la liberté la puissance de remuer les peuples et qui serait Dieu en ces moments suprêmes de révolution si un grain de sable ne le brisait comme toutes les choses de la terre qui sont élevées et qui font du bruit.

N° 2.

DU POINT-VIRGULE (;).

Le *point-virgule* annonce un repos plus fort que celui de la virgule. Il sert, en général, à séparer les parties d'une même phrase, quand elles sont déjà subdivisées, toutes ou seulement quelques-unes d'elles, par la virgule. Si la virgule partage les parties similaires, le point-virgule sépare les parties distinctes, c'est-à-dire que, dans une période composée de cinq ou six membres et même plus, chaque membre de cette période doit être séparé par le point-virgule. Les exemples suivants donneront, du reste, une idée suffisante des circonstances générales où ce signe est applicable, et de celles où il doit être préféré à la virgule :

EXEMPLES.

Charlemagne fit d'admirables réglements ; il fit plus, il les fit exécuter.

Les conversations ressemblent aux écrits ; et ne sont souvent que des conversations.

Il est l'avocat des pauvres ; disons mieux, il en est le père.

Jamais il n'oubliait le devoir qui le rapprochait de l'amitié de son maître ; surtout il savait lui rendre doux les moments, au milieu des plus grandes calamités.

C'est un contour agréable mais se répète quelquefois.

Il faut observer 1° que l'esclavage dans lequel nous tenons les habitants de la Guinée, ne doit être attribué qu'à leur ignorance de la civilisation ; 2° que leur facilité à s'y soumettre n'est point considérée comme l'effet de la crainte ou de la force ; que l'abus que plusieurs ont fait de leur pouvoir, etc., etc.

Ce roi, qui toujours l'ami de ses sujets, veillait à leur bonheur : qui sans cesse occupé de faire fleurir les arts, présidait lui-même à toutes les distributions de prix; qui, non content de paraître au milieu des assemblées, venait encore écouter les plaintes communes au milieu des places publiques ; ce roi, dis-je, obtint avec justice le nom de *grand*.

Cet homme le plus vaillant des capitaines, et qui, toujours mû par la générosité, avait conquis l'estime de ses contemporains ; cet homme, dis-je, termina sa carrière au milieu du champ d'honneur.

Le vainqueur des jeux gymnastiques était l'objet de l'allégresse publique : de plus il

attirait l'admiration de la beauté, et les applaudissements de la multitude.

Au malheureux toujours les plus grandes infortunes sont attachées ; partout il est victime du riche qui l'opprime.

Cette ville est bien bâtie ; elle est jolie ; les rues sont pavées et larges; les murs qui l'environnent sont d'une construction ancienne, et les deux citadelles qui les dominent sont également d'un génie gothique, mais capables de soutenir un siége long et pénible.

On distingue diverses sortes de style : le style uni, où l'on ne voit ni expressions ni pensées remarquables ; le style facile qui ne sent point le travail; le style naturel qui n'est ni recherché, ni forcé ; le style rapide, qui attache, et qui entraîne, etc.

DICTÉE.

(Rétablir le point-virgule et la virgule.)

Quand vous voyez quelquefois un nombreux troupeau qui répandu sur une colline vers le déclin d'un beau jour paît tranquillement le thym et le serpolet ou qui broute dans une prairie une herbe menue et tendre qui a échappé à la faux du moissonneur le berger soigneux et attentif est debout auprès de ses brebis il ne les perd pas de vue il les suit il les conduit il les change de pâturage si elles se dispersent il les rassemble si un loup avide paraît il lâche son chien qui le met en fuite il les nourrit il les défend l'aurore le trouve déjà en pleine campagne d'où il ne se retire qu'avec le soleil Quels soins quelle vigilance quelle servitude Quelle condition vous paraît la plus délicieuse et la plus libre ou du berger ou des brebis Le troupeau est-il fait pour le berger ou le berger pour le troupeau Image naïve des peuples et du prince qui les gouverne s'il est bon prince!

Au pied d'un chêne croissait un bouquet de thym Un lierre qui entourait l'arbre jeta sur lui un regard de pitié Pauvre hère lui dit-il à peine si l'on t'aperçoit pour moi je m'élève jusqu'aux nues avec l'arbre de Jupiter Tout petit que je suis lui crie le thym je me soutiens par moi-même sans appui tu ramperais tristement sur la terre Quiconque s'élève sur les épaules d'autrui est un esclave quelque nom qu'il porte il faut vivre dans l'obscurité sans avoir besoin des autres pour avoir droit de dire je suis libre.

N° 3.

DES DEUX POINTS (:).

Les *deux points* sont le signe qui, dans une phrase un peu compliquée, marche ordinairement après la virgule et le point-virgule. On emploie les deux points 1° après une proposition qui annonce une citation; 2° après une proposition générale suivie de détails; 3° avant cette proposition, si les détails précèdent; 4° avant une proposition qui éclaircit ou développe ce qui précède. En général les deux points annoncent toujours ce que l'on va dire ou ce que l'on va expliquer.

EXEMPLES.

Il faut céder à l'usage et à l'autorité: ce sont deux pouvoirs que l'on ne peut récuser, puisque l'un est le libre exercice du mode de nos pères, et l'autre l'exercice et la volonté publique transférée dans les mains d'un seul.

L'amour, la valeur, la générosité : telles sont les qualités qui distinguent les soldats français.

Il faut autant qu'on peut obliger tout le monde : on a souvent besoin d'un plus petit que soi.

Lorsque Annibal eut franchi les Alpes, on l'entendit s'écrier : Oui, je marcherai sur Rome ; je veux humilier cette superbe reine du monde.

Souvenez-vous de cet adage : aide-toi, Dieu t'aidera.

L'exercice, la sobriété et le travail : voilà trois médecins qui ne se trompent jamais.

Heureux qui ne peut se dire : je n'ai point d'ennemis !

Quelque éclatante que soit la renommée du juste, il rencontre toujours sur son chemin des détracteurs de sa conduite : la jalousie est si méchante, qu'elle fait tout pour nuire.

Tout plaît dans les synonymes de l'abbé Girard : la finesse des remarques, la justesse des pensées, le choix des exemples.

Voyons ces grands coups d'état, ces chefs-d'œuvre de génie et de politique : voyons-les du même œil dont la postérité les verra, etc.

On lui remit une cassette contenant : 1° un étui en ébène ; 2° un nécessaire garni de tout ce qui peut convenir pour l'usage de la toilette ; 3° un portrait en miniature, etc.

Alors Narbal dit : Vous voyez, ô Télémaque, quelle est la puissance des Phéniciens.

A la vue du maréchal, la garde se range sous les armes, les tambours se font entendre, les cours se remplissent ; on répète de tous côtés : Voilà le père la pensée !

DICTÉE.

(Rétablir les signes de ponctuation.)

Le colibri vint un soir tout effrayé chez son voisin l'oiseau-mouche « Mon frère lui dit-il un orage affreux se prépare entendez-vous ce murmure sinistre qui se prolonge dans la forêt Voyez-vous ce nuage noir qui s'étend comme un immense réseau Ce sont les avant-coureurs de la tempête fuyez mon frère fuyons ensemble — Je vous remercie de vos bons soins répondit l'oiseau-mouche mais je n'ai pas besoin de fuir pour échapper à l'orage ma petitesse m'en garantira quelque

gide que soit la pluie je n'en saurai recevoir qu'une seule
gtte à la fois et il ne me faut qu'une seule feuille pour me
mre à l'abri. »

uand vous avez prié ne sentez-vous pas votre cœur plus
lér et votre âme plus contente La prière rend l'affliction
ms douloureuse et la joie plus pure elle mêle à l'une je
nais quoi de fortifiant et de doux et à l'autre un parfum
cóste Que faites-vous sur la terre et n'avez-vous rien à
dander à celui qui vous y a mis Vous êtes un voyageur
qcherche la patrie Ne marchez point la tête baissée il faut
ler les yeux pour reconnaître sa route Votre patrie c'est
leel et quand vous regardez le ciel est-ce que en vous il
nœ remue rien est-ce que nul désir ne vous presse ou ce
dé est-il muet Il en est qui disent « A quoi bon prier
Di est trop au-dessus de nous pour écouter de si chétives
cétures » Et qui donc a fait ces créatures chétives qui
le a donné le sentiment de la pensée et la parole si ce n'est
Dạ Et s'il a été si bon envers elles était-ce pour les dé-
lsser ensuite et pour les repousser loin de lui En vérité je
vis le dis quiconque dit dans son cœur que Dieu méprise
s œuvres blasphême Dieu Il en est d'autres qui disent « A
çoi bon prier Dieu ne sait-il pas mieux que nous ce dont
ıus avons besoin » Dieu sait mieux que vous ce dont vous
æz besoin et c'est pour cela qu'il veut que vous le lui de-
ındiez car Dieu est lui-même votre premier besoin et prier
ļu c'est commencer à posséder Dieu.

No 4.

DU POINT (.).

Le *point* se place à la fin d'une proposition
dnt le sens est fini ; après le raisonnement
d'ine phrase compliquée et qui a reçu son com-
plment ; après les preuves de conclusion que
chque idée a paru offrir ; à la fin des phrases
qu, indépendantes de toutes celles qui les pré-
cèlent ou les suivent, annoncent pourtant qu'elles

sont le résultat ou la suite d'une opinion ; enfin après tous les morceaux qui, sans detruire la convenance de la matière et l'analogie générale des idées tendantes à un même but, ont pourtant besoin de former un sens à part. En un mot, le point annonce toujours un sens complet. Dans le discours il n'est pas toujours facile de le bien placer. On pourra s'en convaincre par le peu d'exemples que nous en donnons.

EXEMPLES.

Paris est la plus grande ville de la France. La population est aussi la plus nombreuse. Sa consommation en bestiaux et en blé surpasse celle du plus grand département. Son commerce n'est pas étendu en proportion des besoins de la classe indigente.

La déesse tenait d'une main un sceptre d'or pour commander aux vagues. Elle avait un visage sérieux et plein de majesté. Des tritons conduisaient son char. On voyait au milieu des airs Eole empressé et inquiète.

Londres est une ville plus grandequeParis. Saposition la rend très-florissante. La population y est plus nombreuse que celle de Paris. Les Anglais la regardent comme plus brillante que notre capitale. Cette ville est à vingt-cinq lieues de Douvres.

L'ennui est entré dans le monde par la paresse ; elle a beaucoup de part dans la recherche que font les hommes des plaisirs, du jeu, de la société.

Celui qui aime le travail a assez de soi-même.

DICTÉE.

(Rétablir les signes de ponctuation.)

Nous arrivâmes bientôt au bord de la cataracte qui s'annonçait par d'affreux mugissements Elle est formée par la rivière de Niagara qui sort du lac Érié et se jette dans le lac

Ontario Sa hauteur perpendiculaire est de cent quarante-quatre pieds Depuis le lac Erié jusqu'au saut le fleuve arrive toujours en déclinant par une pente rapide et au moment de la chûte c'est moins un fleuve qu'une mer dont les torrents se pressent à la bouche béante d'un gouffre La cataracte se divise en deux branches et se courbe en fer à cheval Entre les deux chûtes s'avance une île creusée en dessous qui pend avec tous ses arbres sur le chaos des ondes La masse du fleuve qui se précipite au midi s'arrondit en un vaste cylindre puis se déroule en nappe de neige et brille de toutes les couleurs celle qui tombe au levant descend dans une ombre effrayante on dirait une colonne d'eau du déluge Mille arcs-en-ciel se courbent et se croisent sur l'abîme L'onde frappant le roc ébranlé rejaillit en tourbillons d'écume qui s'élève au-dessus des forêts commes les fumées d'un vaste embrâsement Les pins des noyers sauvages des rochers taillés en forme de fantômes décorent la scène Des aigles entraînés par le courant d'air descendent en tournoyant au fond du gouffre et des carcajoux se suspendent par leurs longues queues au bout d'une branche abaissée pour saisir dans l'abîme les cadavres brisés des élans et des ours.

Lorsque des collines de l'Orient le dieu du jour lance ses premiers feux la nature attendrie le salue Les oiseaux gazouillent agréablement dans les bocages Ils contemplent à travers les rameaux des arbres le riche spectacle qu'offre l'horizon Les fleurs sortent de leur sommeil entr'ouvrant leur calice à la clarté vivifiante de l'astre naissant Le berger matinal du haut des montagnes teintes de pourpre fixe ses regards surpris sur le globe radieux qui vient ranimer la création L'œil peut alors sans crainte jouir de son tendre éclat sa lumière est encore tremblante et bleuâtre.

No 5.

DU POINT INTERROGATIF (?).

Le *point interrogatif* se met à la fin d'une phrase qui a l'apparence d'une question que l'on vous fait, ou que l'on fait à un autre, et qui commence pnr une particule interrogative ou par un verbe tourné en sens interrogatif.

Que fera Alexandre lorsqu'il aura réussi dans ses projets? Voudra-t-il ambitionner d'autres conquêtes? Laissera-t-il la Macédoine livrée toujours à elle-même? Que fera son peuple toujours privé de soutien? Quel est donc sont but? Ne l'a-t-on pas assez vu exposé à des dangers imminents? Sera-t-il inflexible à nos prières? Croit-il que son absence nous rende heureux?

Quand reviendra-t-il? a-t-il ajouté.
Êtes-vous de mon avis? lui dit-il.
Où porté-je mes pas?
D'où vient que je frisonne?
Qu'ai-je entendu, seigneur?
Quels bruits, quelles al... quels dangers imprévus, quel dessein odieux, troublant votre repos, vous attire en ces lieux?

Quoique la phrase ne soit pas construite interrogativement, il faut encore employer le point interrogatif, si le sens est interrogatif.

Tu n'as point d'aile, et tu veux voler? — Rampe.
Un précepte est aride? il le faut embellir; ennuyeux? l'égayer; vulgaire? l'ennoblir.

Je porte à manger à ceux qu'enclôt la tombe noire. Le mari repart, sans songer: Tu ne leur portes point à boire?

D'autres fois aussi il arrive que, bien que la forme de la phrase soit interrogative, le sens ne l'est pas. Dans ce cas le point interrogatif n'est point employé.

EXEMPLES.

L'interroge-t-on, il se tait.	Lui fait-on quelque reproche, aussitôt il s'emporte.

Nº 6.

DU POINT EXCLAMATIF OU ADMIRATIF (1).

Le *point exclamatif* s'emploie à la fin d'une phrase qui marque l'apostrophe, le vœu, l'étonnement, la crainte, l'invocation, le remercîment, l'imprécation, la douleur, la tristesse, ou tout autre sentiment violent ou affectueux, toutes les fois qu'ils sont marqués en sens d'exclamation.

EXEMPLES.

Ah ! combien est malheureuse la triste Léonore !

Que son cœur sensible est à plaindre !

Oh Dieu ! plaignez un infortuné ! Oh oui ! plaignez-le !

Que les amis sont peut nombreux ! qu'il est difficile d'en trouver !

A tous les cœurs bien nés que la patrie est chère !

Quelle valeur il montra dans cette journée !

Dans quelle perplexité il est venu se réduire !

Le désespoir, hélas ! ne se présente à lui que comme son partage !

Que le Seigneur est bon ! que son joug est aimable !

Heureux qui dès l'enfance, en connaît la douceur !

DICTÉE.

(*Rétablir les signes de ponctuation.*)

Ossian barde sauvage que fais-tu assis sur la pierre des tombeaux — Songes-tu aux héros des temps passés — Avez-vous partagé le repos de votre hôte Avez-vous reçu le pain

et le sel de sa main Votre personne est sacrée pour lui — Que
ne puis-je aussi presser sur mon sein mon vertueux et bon
père — De quelle trahison pouvez-vous donc vous plaindre
— Pourquoi un chien de basse-cour hurle-t-il la nuit à la
simple odeur d'un loup qui lui ressemble — Qui passera de
nous qui cèdera sa place à l'autre — Que vous semble mes
sœurs de l'état où nous sommes — Quel est le projet où vous
vous arrêtez — Ah que de la vertu les charmes sont puissants
— Eh qui n'a pas pleuré quelque perte cruelle — En aimant
qui ne veut être aimé — Qu'un véritable ami est une douce
chose.

Nᵒ 7.

DES POINTS SUSPENSIFS (.....).

Les *points suspensifs* annoncent réticence ou
désordre, ou interruption dans le sens; on en
met trois, au plus cinq.

EXEMPLES.

Insensée! où vas-tu? Demeure,
Songe à ta mère... Vains discours!
Malheureux! et mon père... ah! je me sens mourir.

Nᵒ 8.

DU TRAIT DE SÉPARATION (—).

Le *trait de séparation* indique le changement
d'interlocuteur et sert à éviter la répétition fré-
quente des mots : *dit-il, reprit-elle,* etc.

EXEMPLES.

Quand tout fut accompli, reprenant la parole :
— « Jocelyn, me dit-elle, encore, encore un don!
— Et lequel, ô ma mère! — O mon fils, ton pardon. »

N° 9.

DE LA PARENTHÈSE ( ).

La *parenthèse* sert à renfermer certains mots isolés qu'on pourrait retrancher, mais qui servent cependant à l'éclaircissement d'une phrase.

EXEMPLE.

Mais un fripon d'enfant (cet âge est sans pitié)
Prit sa fronde, et d'un coup tua plus d'à moitié
La volatile malheureuse.

N° 10.

DES GUILLEMETS (« »).

On place les *guillemets* au commencement et à la fin d'une citation et quelquefois au commencement de chaque ligne qui la compose.

EXEMPLES.

Quel plaisir de penser et de dire en vous-même :
« Partout, en ce moment, on me bénit, on m'aime. »

DICTÉE.

(Rétablir les signes de ponctuation.)

Un jeune renard qui avait sa bonne part d'orgueil amassait du bois et de l'argile pour se construire une espèce d'habitation Que fais-tu là lui demanda une fourmi Je veux avoir désormais un séjour plus aéré plus spacieux Et si ensuite les paysans te découvrent te cernent te prennent que te servira alors la beauté de ta nouvelle demeure Alors je trouverai bien dans ma tête de quoi me tirer d'affaire D'ailleurs qui ta demandé ce conseil chétive et misérable créature Penserais-tu donc que la prudence ne peut habiter que dans des grands corps Va crois-moi on s'aperçoit que tu es encore jeune puisque tu refuse d'entendre ce qu'on ne méprise jamais quand on est prudent et expérimenté un conseil amical.

Domitien convoqua un jour le sénat pour savoir en quel vase on cuirait un turbot monstrueux dont on lui avait fait présent Les sénateurs examinèrent gravement cette affaire Comme il ne se trouva point de vase assez grand on proposa de couper le poisson par morceaux cet avis fut rejeté Après bien des délibérations on décida qu'il fallait construire un vase exprès et il fut reglé que quand l'empereur irait à la guerre il aurait toujours à sa suite un grand nombre de potiers de terre Ce qu'il y a de plus plaisant c'est qu'un sénateur aveugle parut extasié à la vue du turbot et ne cessa d'en faire l'éloge en fixant les yeux du côté où le poisson n'était pas.

FIN DE L'OUVRAGE.

TABLE DES MATIÈRES

CONTENUES DANS CE VOLUME.

IIᵉ Partie. — ANALYSE GRAMMATICALE.

IIIᵉ Partie.—ANALYSES LOGIQUES ET GRAMMATICALES PRÉPARATOIRES.

IVe Partie. — FABLES A ANALYSER.

Ve Partie. — PONCTUATION.

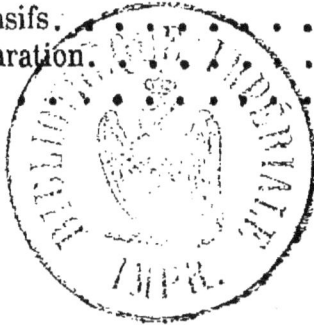

FIN DE LA TABLE.

Paris. — Typ Bonnet. — Lesueur, Baillehache et Cᵉ, rue Vavin, 43.

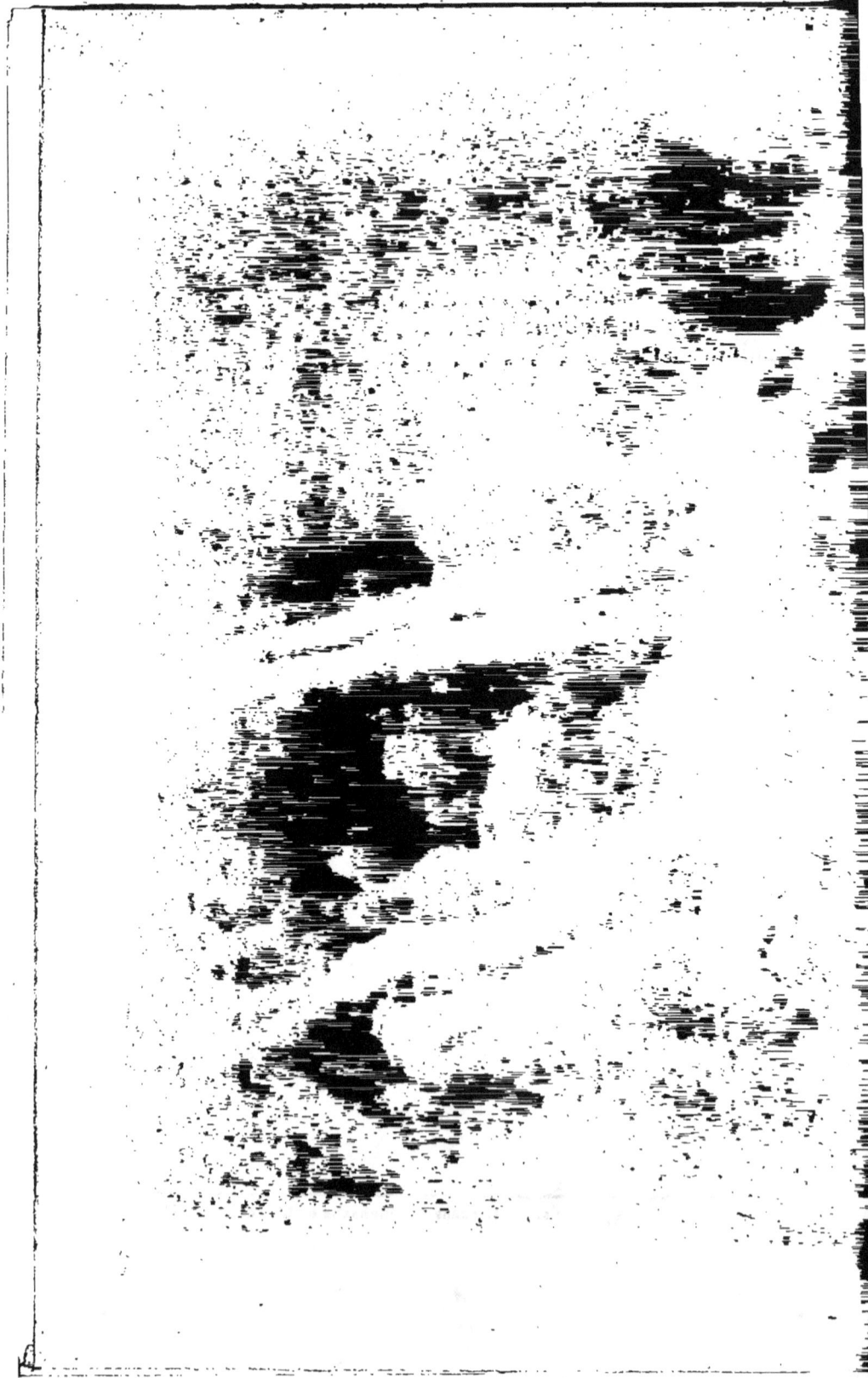